WÜRZBURGER STUDIEN zur FUNDAMENTALTHEOLOGIE
Herausgegeben von Elmar Klinger

Band 26

PETER LANG
Frankfurt am Main · Berlin · Bern · Bruxelles · New York · Oxford · Wien

**Jüdin durch Geburt – Christin
aus Überzeugung**

Sophia Karwath

Jüdin durch Geburt – Christin aus Überzeugung

Eine Grundkategorie der Religion bei Simone Weil: Die Schwelle

Die Deutsche Bibliothek - CIP-Einheitsaufnahme

Karwath, Sophia Bettina:
Jüdin durch Geburt – Christin aus Überzeugung : eine Grundkategorie der Religion bei Simone Weil : die Schwelle / Sophia Bettina Karwath. - Frankfurt am Main ; Berlin ; Bern ; Bruxelles ; New York ; Oxford ; Wien : Lang, 2001
   (Würzburger Studien zur Fundamentaltheologie ; Bd. 26)
Zugl.: Würzburg, Univ., Diss., 2000
ISBN 3-631-38052-6

Gedruckt auf alterungsbeständigem,
säurefreiem Papier.

D 20
ISSN 0179-4566
ISBN 3-631-38052-6
© Peter Lang GmbH
Europäischer Verlag der Wissenschaften
Frankfurt am Main 2001
Alle Rechte vorbehalten.

Das Werk einschließlich aller seiner Teile ist urheberrechtlich geschützt. Jede Verwertung außerhalb der engen Grenzen des Urheberrechtsgesetzes ist ohne Zustimmung des Verlages unzulässig und strafbar. Das gilt insbesondere für Vervielfältigungen, Übersetzungen, Mikroverfilmungen und die Einspeicherung und Verarbeitung in elektronischen Systemen.

Printed in Germany 1 2 3 4 6 7

www.peterlang.de

Allen, die sich gegenseitig zur Wahrheit verhelfen.

Ein großes Glück,
nicht genau zu wissen,
in welcher Welt man lebt.
    Wislawa Szymborska
     (Auf Wiedersehn. Bis morgen, Gedichte, S.42)

Vorwort und Dank

Die Katholisch-Theologische Fakultät der Bayerischen Julius-Maximilians-Universität Würzburg hat die vorliegende Studie im Sommersemester 2000 als Dissertation angenommen. Für die Veröffentlichung wurde sie geringfügig überarbeitet.

Mein Dank gilt allen, die mich zu dieser Arbeit ermutigt und mich bei der Durchführung tatkräftig unterstützt haben. Hier danke ich vor allem meiner Generaloberin Sr. Reginarda Holzer. Sie hat in einer Zeit der Ordensumbrüche den Weitblick gewahrt und mir ein solch langwieriges Projekt der Promotion ermöglicht.
Ein besonderer Dank gilt auch meinen Mitschwestern im Konvent, die alle Phasen dieser Zeit hautnah mit erlebt haben. Ihnen verdanke ich in erster Linie die Erfahrung, dass in Büchern nicht alles steht, was man wissen muss.
Ich danke meinen Eltern und meinem Bruder Matthias und allen Freundinnen und Freunden, die mir den Rücken gestärkt und mir in schwierigen Zeiten über die Klippen geholfen haben, vor allem Dr. Paulus-Thomas Weber für die vielen Anregungen und Gespräche, mit denen er mir zur Seite stand.

Für die Begleitung und Beratung meiner Arbeit danke ich meinem Doktorvater Prof. Dr. Elmar Klinger. Seine Theologie hat mich während meines Studiums herausgefordert, grundlegende Fragen an Kirche und Gesellschaft zu stellen und sich nicht mit einfachen Antworten zufrieden zu geben. Ich danke ihm für seine Unterstützung, in dieser Arbeit meine eigenen theologischen Standpunkte zu formulieren und für die Aufnahme der Dissertation in die Reihe „Würzburger Studien zur Fundamentaltheologie". Ebenso danken möchte ich Prof. Dr. Klaus Wittstadt, der das Korreferat erstellt hat.
Mein Dank gilt der DFG für die Bewilligung eines zweijährigen Stipendiums im Rahmen des Graduiertenkollegs „Wahrnehmung der Geschlechterdifferenz in religiösen Symbolsystemen" an der Universität Würzburg.
Der Diözese Würzburg danke ich für die Beteiligung an den Druckkosten dieses Buches.

Die Mühe des Korrekturlesens verdanke ich ganz besonders meiner Mutter, Sr. Judit Feurer, Sr. Teresa Weimert und Barbara Häußler, die des Formatierens Matthias Hart.
Ein großer Dank gilt all denen, die mich (bewusst oder unbewusst) inspiriert haben zu wichtigen Gedanken und Ideen, ohne die dieses Buch nicht zustande gekommen wäre.

Mein letzter Dank schließlich gilt dem Genie Simone Weils. Ihre Schriften haben mich über Jahre hinweg in Atem gehalten und nicht zur Ruhe kommen lassen. Ich bin sehr dankbar für diese aufreibende Auseinandersetzung. Simone Weil hat mich neu darin bestärkt, dem Verborgenen höchste Aufmerksamkeit zukommen zu lassen. Deswegen auch widme ich diese Arbeit allen Menschen, die unbekannt, ohne Namen, der verborgenen Wahrheit ihres Lebens trauen.

Würzburg, im Dezember 2000   Sr. Sophia Karwath

Inhaltsverzeichnis

Vorwort und Dank 9

A: Einleitung 17
1. Das Interesse dieser Arbeit 17
2. Die Perspektivenfrage: Zwischen Religionsphilosophie und Theologie 20
3. Methodisches zu dieser Arbeit 22

B: Hauptteil 25

Teil I: Simone Weil, eine Grenzgängerin auf der Suche nach Wirklichem. 25
1. Biografische Konfliktfelder 35
1.1 Die „in der Arbeiterklasse herumbummelnde Studienrätin": Zwischen Fabriktor und elitärer Philosophie 35
1.2 Die verhungernde Tochter der Bourgeoisie: Frausein zwischen Körper und Geist 45
1.3 Die ungetaufte Katholikin: Auf der Schwelle zur Kirche 51
1.4 Christliche Jüdin oder jüdische Christin? Im Konflikt der Religionen 63
2. Menschsein ereignet sich zwischen Notwendigkeit und Freiheit 72
2.1 Notwendigkeit ist die Unverfügbarkeit des Lebens 73
2.1.1 Die Wirkung der Schwerkraft 75
2.1.1.1 Das ent-fesselte Ich 77
2.1.1.2 Die décréation 83
2.1.2 Not-wendig sein in Unglück und Schönheit 86
2.1.2.1 Die Notwendigkeit der Arbeit setzt Handeln und Denken in Beziehung zueinander 87
2.1.2.2 Schönheit ist ein notwendiger Zufall 91

2.2	Die Erfahrung der Notwendigkeit ist Freiheit: Die Auseinandersetzung mit Marxismus und Existenzialismus	98
2.2.1	Das Desinteresse des Marxismus am Freiheitsgedanken	99
2.2.2	Absolute Freiheit ist reiner Gehorsam – contra den Existenzialismus	105

Exkurs: Der Existenzialismus von Jean-Paul Sartre 106

2.3	Notwendigkeit ist Gerechtigkeit - ein Paradox der Freiheit	116

Teil II: Die Erfahrungen des profanen Menschseins sind Ausdruck von Religion 123

1.	Die Würde des Menschen kommt in der Unterdrückung zur Sprache	126
1.1	Die Berührung mit dem nackten Leben – Menschlichkeit pur	129
1.1.1	Der Hunger nach Brot	133
1.1.2	Die Angst vor dem Existenzverlust	134
1.2	Die Würde *in* der Zerrissenheit	136
1.2.1	Eine „andere" Würde	137
1.2.2	Zur Sprache finden: Die Poesie der Arbeitenden	140
1.3	Eine Mystik der Arbeit	145
2.	Schmerz und Unglück sind körperliche Zeichen der Liebe Gottes	150
2.1	Leben im Unglück ist Leben in Fülle	152
2.1.1	Der Unterschied zwischen Unglück und Leiden	152
2.1.2	Das Unglück ist vollkommen wirklich	155
2.2	Entfremdung und Identität bestimmen den Menschen	159
2.3	Das Schweigen Gottes im Unglück des Menschen ist ein Akt der Liebe	162
2.4	Die Namenlosigkeit Gottes ist seine Menschwerdung	164
2.5	Die Begegnung mit Gott ist die Begegnung mit der Wirklichkeit	167
3.	„Den Unglücklichen mit Liebe behandeln, heißt ihn taufen." - Die Taufe als Perspektivenwechsel	169
3.1	Die Bedeutung der katholischen Religion	170
3.1.1	Die Verborgenheit Gottes in den Mysterien der Kirche	171

3.1.2	Auf der Schwelle stehen – den notwendigen Abstand halten	177
3.2	Der Geist tauft die Materie	180
3.2.1	Ein vergeistigtes Verständnis der Taufe	180
Exkurs: Die Taufe der Katharer		184
3.2.2	Ein materialisiertes Verständnis der Taufe	188
3.3	Théorie des sacrements- eine Alternative?	191
3.3.1	Das Begehren der Seele	191
3.3.1.1	Nur das Begehren nach dem Guten ist ein echtes Begehren	192
3.3.1.2	Die Inkarnation aufgrund einer Konvention	194
3.3.1.3	Die Suche nach der Wirklichkeit - ein Sakrament	195
3.3.2	Der Perspektivenwechsel als sakramentales Geschehen	196
3.4	Taufe ist menschliche Berührung mit Gott – Das Reich Gottes	198
4.	Das vorchristliche Christentum: Die Suche nach der Wahrheit	202
4.1	Gottes Suche nach dem Menschen	203
4.1.1	Die Schöpfung ist Zeichen Gottes universaler Liebe zum Menschen	203
4.1.1.1	Die Schönheit der Welt	203
4.1.1.2	Die Seele der Welt liegt zwischen Begrenzbarem und Unbegrenzbarem	205
4.1.2	Gott ist gerecht zu allen Zeiten	208
4.1.3	Die Freundschaft von Menschen ist Ausdruck der Liebe Gottes	212
4.2	Die Suche des Menschen nach Gott	216
4.2.1	Die Liebe zur Weltordnung	217
4.2.2	Die Liebe zu Gott in den religiösen Riten	220
4.2.3	Die Liebe zu Gott in der Nächstenliebe	225
4.3	Die Erfahrung Gottes in der Religion und in der Welt	228

Teil III:	Die Aufmerksamkeit: Entdeckerin der Religion im Widerspruch des Wirklichen	233
1.	Die Aufmerksamkeit: Schöpferische Genialität für eine authentische Religion	238
1.1	Aufmerksamkeit - eine Begriffsannäherung	238

1.2	Aufmerksam den Ort der Leere begehren	248
1.2.1	Die Aufmerksamkeit als Leere ist Verfügbarkeit für das Unverfügbare	249
1.2.2	Die Aufmerksamkeit als Leere ist Ermöglichung einer Handlungsperspektive	251
1.3	Aufmerksamkeit provoziert gerechtes Handeln	253
1.3.1	Den Nächsten die Existenz schenken	254
1.3.2	„Die Waage schmieden"	256
2.	Die Aufmerksamkeit ist Vermittlerin Gottes im Widerspruch	261
2.1	Widerspruchserfahrung in der Welt	263
2.1.1	Zwischen Gegensätzen existieren	264
2.2	Metaxy – dazwischen sein – im Zwischen leben	271
2.2.1	Zwischen Raum und Zeit	271
2.2.2	Die Mittel als Mittel sehen	278
2.3	Das Unmögliche ist real – ein wunderbarer Widerspruch	286
3.	Religiöse Symbole profaner Wirklichkeit	289
3.1	Das Kreuz - die widersprüchliche Gotteserfahrung	291
3.2	Die Eucharistie - Das Begehren nach Vermittlung	301
4.	Der Widerspruch ist der Ort der Schwelle als Kategorie der Religion	309
4.1	Die Schwelle: Zwischen unterschiedlichen Standpunkten stehen	310
4.1.1	Die unaufhebbare Differenz	311
4.1.2	Die Religion: Initiation des Einbruchs in die Welt	312
4.2	Auf der Schwelle stehen: Die Nichtdeutung der Deutung	314
4.3	Die Schwelle: Nicht-handelndes Handeln ist religiöses Handeln	317

Teil IV:	Die Geschlechterdifferenz: Ein Ort des Ursprungs der Religion auf der Schwelle zu menschlichem Leben	321
1.	Simone Weil und die Notwendigkeit des Frauseins	324
1.1	Elektra und Antigone, zwei Frauen in der Fabrik	326
1.2	Demeter und das Gastmahl	332
1.3	„'Je n'ai pas été baptisé'" - die Taufe und das Geschlecht	336

1.4	Jüdisches Menschsein gründet in der Mutter des Lebens	343
1.5	Frausein ist exemplarisches Menschsein	346
2.	Die Notwendigkeit der symbolischen Ordnung	348
2.1	Luisa Muraros Konzept der symbolischen Ordnung der Mutter	349
2.1.1	Einen Anfang machen	350
2.1.2	Metaphysik: Wahrheit ist der Sinn des Seins	355
2.2	Die Rückerstattung der geschlechtlichen Notwendigkeit	360
2.3	Die frauliche Repräsentanz menschlichen Lebens	364
2.4	Luisa Muraro und Simone Weil: Zwei Frauen in der Differenz	366
2.4.1	Sich die Realität zu-muten	366
2.4.2	Das Sein ist unsagbar	367
2.4.3	Handeln: Aus dem Anfang Neues anfangen	368
3.	Die Religion im Rahmen der Geschlechterdifferenz	370
3.1	Die Differenz der Geschlechter ist die grundlegende Differenz menschlichen Lebens	371
3.1.1	Die Geburt: In-Differenz und Differenz des Geschlechts	373
3.1.1.1	Die Geburt ist die unmögliche Wirklichkeit menschlichen Lebens	374
3.1.1.2	Die Geburt ist der Beginn der Unterscheidung	374
3.1.1.3	Die widersprüchliche Erfahrung des Geschlechts: Identität und Differenz	375
3.1.2	Notwendiges Sprechen bewahrt und verändert Reales	377
3.1.2.1	Wi(e)dersprechen als geschlechtlicher Ausdruck	377
3.1.2.2	Der Verlust der Perspektive als eigentliche Perspektive	379
3.2	Der religiöse Ort von Menschen zwischen Immanenz und Transzendenz	381
3.2.1	Die Geburt der Religion in der Geburt des Menschen	381
3.2.2	Religiöse Sprache: Kommunikation über das Unaussprechliche	384
3.3	Religion und Geschlechterdifferenz – zwei ursprüngliche Aussagen über die Wirklichkeit von Frau- und Mannsein	385
3.4	Der Ursprung menschlicher Existenz durch Frauen	387
3.5	Die Notwendigkeit religiösen Handelns	389

3.5.1	Selbst-bewusstes Handeln – in Beziehung stehen zur Notwendigkeit	389
3.5.2	In den Widersprüchen Gott entdecken	390
4.	Das Judentum: Eine notwendige Religion	391
4.1	Reines Menschsein	392
4.2	Geschichtliche Existenz als Schöpfungsordnung	393
4.3	Der namenlose Name ist der Name aller Namen	393

C. Schlussteil 397

Auf der Schwelle bleiben 397

Bibliographie:		399
1.	Werke von Simone Weil	399
1.1	Französische Werkausgaben	399
1.2	Deutsche Werkausgaben	399
1.3	In den Werkausgaben unveröffentlichte Briefe von Simone Weil	400
1.4	Biografien mit unveröffentlichten Texten Simone Weils	400
2.	Sekundärliteratur zu Simone Weil	401
3.	Andere Literatur	408

A: Einleitung

1. Das Interesse dieser Arbeit

Die Beschäftigung mit Simone Weil ist eine Herausforderung. Es sind nicht nur ihre dichten Gedankengänge, in denen sie auf kürzestem Raum sehr komplexe Zusammenhänge darstellt. Vor allem ihre in vielerlei Hinsicht widersprüchlichen Aussagen erfordern ein ständiges Suchen nach Grundstrukturen oder Basiselementen ihres Denkens. Diese Widersprüchlichkeit lässt sich nicht auflösen und ist am ehesten zu erklären aus ihren biografischen Zusammenhängen. Was Simone Weil erfährt, bestimmt ihr Denken, und umgekehrt gestalten sich aufgrund ihres Denkens ihre Lebensläufe. In ihrer Suche nach dem, was wirklich und damit für sie wahr ist, begibt sich Simone Weil zeit ihres Lebens in Lebenskontexte, die wie scharfe Kontraste nebeneinander stehen. Diese Kontraste machen sie zu einer interessanten Person. Und hier tritt ein Aspekt in den Vordergrund, der mich in meiner Arbeit besonders inspiriert hat: *Die gegensätzlichen Standpunkte ihrer Person und ihres Denkens führen zu eindeutigen Aussagen.*

Es ist deswegen das Hauptziel meiner Arbeit, den Gegensätzen in Leben und Denken Simone Weils nachzugehen, um sie auf den ihnen zugrundeliegenden Aussageinhalt zu überprüfen. Der Titel meiner Arbeit gibt den Themenbereich der Religion an, in dem diese Gegensätzlichkeit auftritt. Simone Weil ist eine geborene Jüdin, die sich dem Christlichen verwandt fühlt, und sie ist eine nichtgetaufte Christin, die das Judentum ablehnt. Die Frage der Religion zeigt sich hier also nicht so sehr als die Suche nach einer Antwort, ob sie nun Jüdin oder Christin ist, sondern warum sie sich gegen ihr Jüdischsein auflehnt und dennoch die Taufe ablehnt und warum sie das Christliche liebt und dennoch ihre innerlich abgelehnte jüdische Herkunft nicht verraten will. Auf den ersten Blick erscheint dieses Verhalten Simone Weils gegenüber ihrer Religionszugehörigkeit wankelmütig oder unentschlossen. *So lassen sich aus ihren Schriften Gründe anführen, die sowohl für eine jüdische als auch christliche Identität sprechen.* Auf den zweiten Blick aber versteckt sich hinter diesem ständigen hin und her eine ernsthafte Auseinandersetzung mit dem Begriff der Religion im allgemeinen. Es geht also nicht nur um die Frage der konkreten Religionszugehörigkeit, sondern darum, was eine Religion zur Religion macht und welchen Beitrag sie zur Identität der Religionszugehörigen leistet. Judentum und Christentum finden sich dadurch bei Simone Weil in keinem ausschließenden Verhältnis zueinander, sondern in einem einander bedingenden. Simone Weil kann die eine Religion nicht ohne die andere leben. Eben deswegen auch ist die Frage, ob sie nun als Jüdin oder als Christin zu bezeichnen sei, nicht aufzulösen. Beide Religionen treffen in der Person Simone Weils aufeinander. Zu klären ist nicht, für welche der beiden sie sich entscheidet, sondern in welchem Verhältnis Simone Weil zu beiden steht. Eine Entscheidung würde die Aussage, die Simone Weil in ihrer Auseinandersetzung mit den Religionen führt nur verharmlosen Die Widersprüchlichkeit ihrer Standpunkte wiederum macht deutlich, dass Simone Weil um ihre religiöse Identität ringt und diese Identität nur im Miteinander der Religionen finden kann.[1] Dies hat seine Bedeutung für einen Begriff der Religion, wie ich ihn in der Kategorie der Schwelle entfalte. Simone Weil bleibt auf der Schwelle zwischen beiden Religionen stehen und macht dadurch deren Bedingungsverhältnis zueinander deutlich.

Gerade in ihrem Verbleiben auf der Schwelle provoziert Simone Weil. Sie fragt mich als Christin an, wie ich meine Zugehörigkeit zur christlichen Religion verstehe in Bezug zu anderen Religionen. Sie fragt mich an, wie ich Religion überhaupt verstehe. Die Antwort kann allerdings nur gefunden werden als Bezugnahme unterschiedlicher Standpunkte. Ich als Getaufte stehe zwangsläufig in Bezug zu denen, die nicht getauft sind. Diejenigen, die nicht getauft sind, haben eine Bedeutung für mich als Christin. Die Brisanz dieses Gedankengangs wird erst dadurch deutlich, dass Christ-sein oder Nicht-Christ-sein in einem notwendigen Verhältnis zueinander stehen. Das eine ist ohne das andere nicht lebbar.

Es geht mir deswegen in dieser Arbeit darum, den Begriff der Religion als einen zu fassen, der in sich selbst schon unterschiedliche Perspektiven beinhaltet. Wenn ich also selber nach meiner Religionszugehörigkeit frage, so kann dies nie in einer rein internen Schau geschehen, sondern muss immer im Verhältnis von intern und extern vollzogen werden. Die Profanität gewinnt eine Bedeutung für die Religiosität und umgekehrt. Deswegen stehen alle Bereiche menschlichen Lebens, Politik, Gesellschaft, Geschlecht etc. in Verbindung zur Religion. Die Religion wiederum kann sich nicht definieren ohne diesen Bezug zur reinen Sä-

---

[1] Die Aussagen Simone Weils über ihre Religionszugehörigkeit durch Geburt widersprechen sich. Einerseits fühlt sie sich dem Judentum verpflichtet (ZG, S.108) andererseits im Christentum beheimatet (ZG, S.113). Der Titel meiner Arbeit geht aus von der tatsächlichen Gegebenheit, dass Simone Weil als Jüdin geboren ist und vom Christentum überzeugt ist. Von ihrer eigenen Sichtweise könnte man auch behaupten, sie sei im Christentum geboren, fühle sich jedoch dem Judentum verpflichtet. Dennoch geht es mir nicht um die Streitfrage, welche Religionszugehörigkeit nun im Letzten für Simone Weil zutrifft, sondern welche Aussagen Judentum und Christentum durch ihre unterschiedliche Bestimmung der Religionszugehörigkeit für den Begriff der Religion treffen.

kularität. Und dies deswegen, weil Religion in sich selbst schon Schwelle, Kontrastiertheit ist.

In einer Zeit, in der sich religiöse, nationale sowie geschlechtliche Grenzen entweder auflösen oder verhärten, scheint mir der Blickwinkel einer wesentlichen Bezugnahme gegensätzlicher Perspektiven von Bedeutung. Hier verstehe ich meinen Beitrag nicht als einen Lösungsvorschlag, sondern als einen ganz eigenen Weg, zu meiner Identität als Frau, als Christin, als Katholikin, als Theologin zu finden.

2. Die Perspektivenfrage: Zwischen Religionsphilosophie und Theologie

„Trotzdem verharrte ich noch bei einer halben Weigerung, nicht meiner Liebe, sondern meiner Vernunft. Denn es schien mir gewiß, und ich glaube es auch heute noch, daß man Gott nie genug widerstehen kann, wenn es aus reiner Sorge um die Wahrheit geschieht. Christus liebt es, daß man ihm die Wahrheit vorzieht. Denn ehe er Christus ist, ist er die Wahrheit. Wendet man sich von ihm ab, um der Wahrheit nachzugehen, so wird man keine weite Strecke wandern, ohne in seine Arme zu stürzen."[2]

Simone Weil ist gemäß ihrer Ausbildung Philosophin. In ihren Schriften aber zeigt sie sich als Philosophin unterschiedlichster Ausprägung. Sie betreibt Geschichtsphilosophie, ist interessiert an mathematisch-philosophischen Grenzfragen, sozialanalytischen Problemen, ethymologischen und mythologischen Untersuchungen, religionsphilosophischen und theologischen Inhalten. Möchte man einen Schwerpunkt ihrer Inhalte benennen, so ist gerade gegen Ende ihres Lebens die Religionsphilosophie[3] ihr Hauptinteresse.

Meine Arbeit ist im Bereich der Fundamentaltheologie angesiedelt. Am Anfang dieser Arbeit über Simone Weil ist deswegen zu klären, wie ich den Zusammenhang von Religionsphilosophie und Theologie verstehe. Dieser Zusammenhang betrifft auch die Frage nach der von mir angewandten Methodik. Dabei bedingen sich das zu beschreibende Verhältnis von Religionsphilosophie und Theologie und die von mir angewendete Methode gegenseitig.

Theologie ist für mich die menschliche Reflexion der Offenbarung Gottes in Jesus Christus und des Glaubens der Kirche. Religionsphilosophie ist die menschliche Reflexion über das Wesen der Religion. Beide Wissenschaften verbinden die Grundfragen des Menschen nach Sinn und Ziel seiner Existenz. Beide Wissenschaften unterscheidet ihre Perspektive, die Theologie fragt unter der Perspektive des Glaubens, die Religionsphilosophie unter der Perspektive der Welt.[4] Doch gerade in dieser Differenzierung begegnen sich beide Wissenschaften wiederum. Wenn die Religionsphilosophie nach dem fragt, was Reli-

---

[2] ZG, S.107
[3] Dabei ist bei Simone Weil Religionsphilosophie sowohl „Philosophie der Religionen" als auch „Philosophie der Religion", denn sie untersucht Unterschiede und Inhalte unterschiedlichster Religionen als auch das Phänomen dessen, was die Religion zur Religion macht.
[4] Ich verwende einen säkularen Religionsbegriff, in dem das Heilige als eine Erscheinung dieser Welt zu begreifen ist. (s. Otto, Rudolf: Das Heilige; Bataille, George: Die Theorie der Religion; Caillois, Roger: Der Mensch und das Heilige;) Der Begriff Gottes steht in diesem Sinn in Kontrast zur Religion, weil er eine Erscheinungsweise der Religion ist und diese gleichzeitig umfasst.

gion ist, so fragt sie gleichzeitig nach dem Menschen und zwar nicht nach einem Teilaspekt des Menschseins, sondern nach dem Menschen überhaupt. Und genau dies ist ebenso die Fragestellung der Theologie, die in der Tradition des inkarnierten Gottes nach der Bedeutung des Menschseins fragt. Wie also Religion zu definieren ist und wie Theologie

Nach Simone Weil ist Gott immer nur als der abwesende Gott anwesend. Deswegen auch kann die weltliche Erfahrung „mehr" über Gott aussagen als ein Glaubenssatz. Implizität entspricht der Präsenz Gottes mehr als Explizität. Von diesem Grundsatz ausgehend, ist die Religionsphilosophie (ebenso wie die Philosophie[5]) geeignet, Aussagen über Gott zu machen, im Modus säkularer Erscheinungen. Die Theologie ist wiederum geeignet, diese Aussagen aufzunehmen und sie in expliziter Weise auf den christlichen Gott hin zu deuten. Beiden Wissenschaften geht es um die Wahrheit menschlichen Lebens, im Horizont dieser Welt, in der Gott sich verbirgt. Der Ausgangspunkt vom Menschen her bedeutet allerdings, dass Religionsphilosophie und Theologie auch immer in Differenz zueinander stehen. Denn die Theologie ist nicht der Horizont, in dem sich die religionsphilosophischen Fragen aufheben, sondern sie ist eine andere Sichtweise der Wirklichkeit. Religionsphilosophie und Theologie sind immer in die menschliche Geschichte der Welt eingebettet und somit in ihren innerweltlichen Überlegungen nicht gegeneinander auszuspielen und ebenso wenig miteinander zu vermischen.[6] In diesem Sinn verstehe ich meine Arbeit als eine theologische, die ihre Rede über Gott in der Rede vom Menschen verortet und darin religionsphilosophischen Gedanken begegnet.

---

[5] Methodisch gesehen ist es durchaus möglich, innerhalb der Philosophie den Begriff Gottes nicht zu berücksichtigen, auch wenn sie theologisch gesehen in ihrer Rede vom Menschen immer implizit von Gott spricht. Simone Weil beschreibt diese Methode als die ihrige: „Seit meiner Jugend war ich der Ansicht, daß das Gottesproblem ein Problem ist, dessen Voraussetzungen uns hienieden fehlen, und daß die einzige Methode, eine falsche Lösung zu vermeiden (was mir als das größtmögliche Übel erschien), darin besteht, es nicht zu stellen." (ZG, S.101)

[6] Es kann also nicht darum gehen, religionsphilosophische Inhalte von theologischer Seite als „richtig" oder „falsch" zu beurteilen. Vielmehr geht es darum, die Wahrheit, die sich in den jeweiligen unterschiedlichen Sprachsystemen ausdrückt, auf ihre menschliche Lebenswirklichkeit hin zu untersuchen.

3. Methodisches zu dieser Arbeit

In dieser Arbeit soll gezeigt werden, inwiefern die Schwelle als eine Grundkategorie der Religion gelten kann. Die Kategorie der Schwelle ist die Grundlage für den von mir erarbeiteten und angewandten Begriff der Religion als einer Zerreißprobe zwischen Differenz und Identität, von Profanem und Sakralem in dieser Welt. Differenz ist hier nicht zu verstehen als Binarität, als Gegenüberstellung von Gegensatzpaaren. Vielmehr versuche ich, ausgehend von den Schriften Simone Weils eine Theorie der Differenz zu erarbeiten, in der Unterscheidung als Identität aufzufassen ist. Dasjenige also, was eine Differenz ausmacht, ist zugleich dasjenige, was Identität stiftet. Methodisch gesehen geht es deswegen zunächst darum, Unterschiede als unaufhebbar darzustellen, um dann ihre Bedeutung füreinander und ihre je eigene Bedeutung für sich hervorzuheben. Diese Unterschiede sind jedoch mehr als Widersprüche, denn als Gegensätze aufzufassen.

In Bezug auf die vorherigen Überlegungen zu dem Verhältnis von Religionsphilosophie und Theologie bedeutet dies folgendes:
- Religionsphilosophie und Theologie sagen in Differenz das aus, was ihre gemeinsame und je eigene Identität ausmacht.
- Die Schwelle ist die Kategorie, die Religion selbst als ein Verhältniswort aussagt, in dem Sakrales und Profanes in die eben benannte Beziehung zueinander treten. Auf der Schwelle entsteht eine Differenz von unterschiedlichen Seiten, die dennoch auf ihr als Identität erfahren wird. Die Schwelle drückt die Identität als Differenz und die Differenz als Identität aus. Dies aber hat seine Bedeutung für die Religion.

Teil I behandelt biografische Konfliktfelder, in denen Simone Weil steht und die bereits im Titel angezeigt sind. Simone Weil ist Jüdin durch Geburt und Christin aus Überzeugung. Hier liegt ein Grundkonflikt vor, der sich als Spannung von Notwendigkeit und Freiheit zeigt. Das, was als Notwendigkeit in Differenz zum Menschsein steht, ist das, was seine eigentliche Identität ausmacht. Deswegen ist nur die freiwillige Akzeptanz dieser Notwendigkeit der Weg zur Freiheit. Die Differenz bleibt jedoch bestehen, weil die Akzeptanz des Notwendigen zwar erkenntnismäßig als das Ureigene entdeckt werden kann, jedoch dadurch nicht in seiner Unterschiedlichkeit überwunden wird.

Teil II belegt dieses Konfliktgeschehen anhand von ausgewählten Texten Simone Weils. In ihnen werden nicht nur unterschiedliche Inhalte und Ebenen miteinander in Verbindung gesetzt, sondern auch Notwendigkeiten des profanen Lebens als Notwendigkeiten religiösen Lebens erarbeitet.

In Teil III wird die von Simone Weil als Aufmerksamkeit benannte Erkenntnismethode analysiert. Sie ist als Offenheit der vielen Perspektiven auch die Ermöglichung eines Differenzdenkens, das in einer Identität als Nicht-Perspektive mündet. Damit aber können durch die Methode der Aufmerksamkeit Unterschiede in ihrer Gemeinsamkeit und gleichzeitigen Trennung benannt werden.

Teil IV schließlich behandelt die Geschlechterdifferenz als grundlegende Differenz menschlichen Lebens überhaupt, und damit auch als Ursprungsort der Religion. In Bezugnahme der philosophischen Ansätze von Simone Weil und den Mailänder Philosophinnen aufeinander, ist die Differenz der Geschlechter im unaufhebbaren Verhältnis von Notwendigkeit und Freiheit zu diskutieren. Von einer Frau geboren zu sein, ist eine anthropologische Notwendigkeit, die die Differenz der Geschlechter begründet und gleichzeitig Identität schafft.
Das Judentum ist die Religion, die dies einzigartig deutlich macht. Denn sie vermittelt die Religionszugehörigkeit durch die mütterliche Geburt. Die Differenz von Sakralem und Profanem wird durch die Notwendigkeit der Mutter zu einer religiösen Identität als Differenz.
Die Schriften von Simone Weil bilden die Grundlage meiner Überlegungen, die sich in Teil IV als übertragbar auf andere Themenbereiche erweisen. Ziel dieser Arbeit ist es also, das Denken von Simone Weil weiterzuführen und darin aufzuzeigen, welche Relevanz ihre Gedanken für unsere Zeit heute haben.

Innerhalb der Sekundärliteratur, die inzwischen fast ins Unermessliche angewachsen ist, befinden sich nach meinem Einblick zwei Forschungsrichtungen. Die eine Richtung ist eher biografisch gehalten und bezieht sich vor allem auf die Faszination, die die Person Simone Weils ausstrahlt. Dies macht den größten Teil der Sekundärliteratur aus. Die andere Richtung ist systematischer Art[7], wo-

---

[7] Neben den explizit als Biografien ausgewiesenen Werken sind hier auch solche zu nennen, die wesentlich das Leben Simone Weils behandeln wie bspw. Coles, Robert: Simone Weil. A modern pilgrimage; Courtine-Denamy, Sylvie: Trois femmes dans de sombres temps: Edith Stein, Hannah Arendt, Simone Weil; Ferrarotti, Franco: Simone Weil. La pellegrina dell' assoluto; Fiori, Gabriella: Simone Weil: une femme absolue; Giniewski, Paul: Simone Weil ou la haine de soi; Hetmann, Frederik: Drei Frauen zum Beispiel. Die Lebensgeschichte der Simone Weil, Isabel Burton und Karolin von Gründerode; Hourdin, George: Simone Weil; Nevin, Thomas R.: Protrait of a Self-Exiled Jew; Nye, Andrea: Philosophie: The thought of Rosa Luxemburg, Simone Weil and Hannah Arendt; Rees, Richard: Simone Weil; Watkins, Peter: Simone Weil;
Bei den philosophischen bzw. religionsphilosophischen Arbeiten ist vor allem zu erwähnen: Blech-Lidolf, Luce: La pensée philosophique et sociale de Simone Weil; DiNicola, Giulia/ Danese, Attilio: Simone Weil. Abitare la contraddizione; Ewertowski, Ruth: Das Außermoralische. Friedrich Nietzsche, Simone Weil, Heinrich von Kleist, Franz Kafka; Jaeger, Anne: Contemplation et Altérité: essai sur des penseurs contemporaines de l'existance; Kahn, Gilbert (Hrsg.): Simone Weil. Philosophe, Historienne et Mystique; Kühn, Rolf: Deuten als Entwerden; Müller, Hadwig: Die

bei ein geringer Teil sich ausdrücklich theologisch versteht. Sie versucht im Werk Simone Weils Grundlinien zu entdecken, auf die sich ihr gesamtes Denken rückführen lässt. Mein methodischer Ansatz liegt sozusagen zwischen beiden Richtungen und bildet somit einen eigenen Forschungsbeitrag. Die Biografie Simone Weils ist für mich Ausgangspunkt meiner systematischen Überlegungen. Ich gehe also nicht nur von den Schriften, sondern auch von den Situationen aus, in denen die Texte verfasst sind. Zudem ist mein Begriff der Schwelle, den ich als Hauptanliegen dieser Arbeit entwickle ein Begriff, der biografisch verortet, nicht aber von Simone Weil denkerisch entwickelt ist. Ich verwende ihn in erster Linie als einen Begriff, von dem aus Leben und Werk Simone Weils betrachtet werden können. Ich erhebe jedoch nicht den Anspruch, dass sich dieser Begriff durch das Werk von Simone Weil zieht und ihr gesamtes Denken beeinflusst, wie dies beispielsweise Miklos Vetö mit dem Begriff der décréation getan hat. Mir ist es wichtig aufzuzeigen, inwiefern Simone Weil einen wesentlichen Beitrag leistet zu einem Verständnis der Religion als der Verbindung und Unterscheidung von Immanenz und Transzendenz.

Dabei ist ein weiterführender Aspekt dieses Religionsverständnisses, dass andere Themen, die scheinbar außerhalb religiöser Anliegen zu verorten sind, gerade durch den Begriff der Schwelle religiös qualifiziert werden können. Mein Anliegen ist es insofern, Simone Weil als eine Denkerin auszuweisen, die in bezug auf die Religion unterschiedliche Welten miteinander in Beziehung setzt. Sie verbindet Religionen und sie verbindet die Religion mit der Nicht-Religion. Meines Erachtens liegt gerade in dieser Inbezugnahme unterschiedlicher, fremder Perspektiven die Stärke ihres Denkens und Lebens.

Das Werk von Simone Weil liegt in keiner einheitlichen Edition vor. Von der geplanten 16-bändige Gesamtausgabe der Œuvres Complètes sind bisher sechs Bände erschienen. Ich verwende in der Zitation primär deutsche Werkausgaben, die französischen Zitate des Haupttextes befinden sich in einer von mir erstellten Übersetzung in den Fußnoten. Der von mir durchgeführte Wechsel zwischen deutscher und französischer Zitation ist begründet in der bisher nicht erfolgten vollständigen Übersetzung der französischen Schriften von Simone Weil ins Deutsche, sowie in einer zum Teil idealeren Ausdrucksweise des Französischen.

Lehre vom Unbewußten und der Glaube an Gott; Tommasi, Wanda: Simone Weil: segni, idoli e simboli; Vetö, Miklos: La Métaphysique religieuse de Simone Weil; Wicki-Vogt, Maja: Simone Weil. Eine Logik des Absurden;

B: Hauptteil

Teil I:

Simone Weil, eine Grenzgängerin auf der Suche nach Wirklichem.

Simone Weil lebt in einer Zeit, die für Europa und für die ganze Welt durch viele Krisen gekennzeichnet ist. Sie wird am 5. Februar 1909 in Paris geboren und stirbt am 24. August 1943 in Kent/England. Ihr Leben spielt sich ab zwischen zwei Weltkriegen, in einer Zeit politischer und wirtschaftlicher Umbrüche – nicht nur in ihrem eigenen Land Frankreich. Diese unruhige Zeit der Jahre 1910- 1940 spiegelt sich in ihrem gesamten Leben wieder. Simone Weil ist ständig selber im Aufbruch, sie lebt seit ihrer Kindheit nie lange Zeit an einem Ort und setzt auch später ihr Leben der inneren Suche mit einer unaufhörlichen Reise zwischen Welten fort.

Als Tochter einer gutsituierten jüdischen Familie wird Simone Weil als Tochter von Salomea (geb. Reinherz) und Bernhard Weil geboren. Die Eltern sind jüdische Franzosen aus dem Pariser Bürgertum, überzeugte Demokraten und Träger der Republik. Ihre jüdischen Wurzeln lassen sich weit zurückverfolgen, sind jedoch mehr Ausdruck ihrer Herkunft als ihrer Überzeugung. Frau und Herr Weil sind keine praktizierende Juden, sondern Freidenker, die ihre Kinder in einem agnostisch-liberalen Sinn erziehen. 1906 wird der Sohn André Abraham geboren. Schon sehr früh zeigt sich seine mathematische Begabung, die die drei Jahre jüngere Schwester Adolphine Simone später in schwere Depressionen stürzen wird. So schreibt sie selber:

> „Mit vierzehn Jahren verfiel ich einer jener grundlosen Verzweiflungen des Jugendalters, und ich wünschte ernstlich zu sterben, wegen der Mittelmäßigkeit meiner natürlichen Fähigkeiten. Die außergewöhnliche Begabung meines Bruders, dessen Kindheit und Jugend sich mit derjenigen Pascals vergleichen lässt, zwang mich, mir dessen bewusst zu sein. Nicht dies schmerzte mich, daß ich auf äußerliche Erfolge verzichten sollte, sondern daß ich niemals hoffen durfte, den Zugang zu jenem transzendenten Reich zu finden, zu dem einzig die echten großen Menschen Zutritt haben

und in dem die Wahrheit wohnt. Ich wollte lieber sterben, als ohne sie zu leben."[1]

Die kleine Simone misst ihre Leistungen stets an denen ihres Bruders. Wichtig ist deswegen auch gerade ihre spätere Studienwahl der Philosophie und nicht der Mathematik, die sie zu ihrem ganz eigenen Weg finden lässt.

Als 1914 der erste Weltkrieg ausbricht, beginnt eine Zeit der Ortswechsel für die Familie Weil. Dr. Bernard Weil wird als Arzt an unterschiedliche Militärstützpunkte eingezogen.[2] Die Familie begleitet ihn bei seinem Wohnortwechsel. Bis 1916 erhält Simone Privatunterricht, mit 10 Jahren geht sie erstmals regulär zur Schule. Das Jahr 1921 signalisiert einen Einbruch in ihrem Leben: Der Beginn ihrer neuralgischen Kopfschmerzen. Vermutlich hat Simone sich diese zeitlebens andauernde Kopfkrankheit infolge einer verschleppten Stirnhöhlenvereiterung zugezogen. Mit den massiven und äußerst schmerzhaften Kopfschmerzen zieht eine Realität in ihr Leben ein, die sie später im Begriff des „unabwendbaren Unglücks" thematisieren wird.

1924 besteht Simone Weil den ersten Teil des Baccalaureats in Latein und Griechisch und entscheidet sich durch Münzwurf für das Studium der Philosophie., das sie am 1.Oktober bei Le Senne am Lycée Victor Duruy in Paris aufnimmt. Es ist die Zeit der französischen Besetzung des Ruhrgebietes, die Zeit der Reparationsverhandlungen zwischen Frankreich und Deutschland und des Münchner Putsches. Bereits jetzt ist Simone Weil begeistert von kommunistischen Ideen. Schon mit zehn Jahren hatte sie sich als „Bolschewistin" bezeichnet und ihre Schulhefte mit Hammer und Sichel versehen.[3] In ihren Schriften zeigt sich, dass Simone Weil die marxistisch-leninistische Doktrin mit ihrer autoritären kommunistischen Parteiführung ablehnt. Näher steht ihr der Anarchosyndikalismus, der durch die Syndikalisten Proudhon und Georges Sorel einen bedeutenden Einfluss auf die französischen Gewerkschaften ausübt. Ziel dieser Bewegung ist im Gegensatz zum Marxismus eine Gesellschaft, die eine bescheidene Bedürfnisbefriedigung idealisiert und nicht für unbeschränkten materiellen Konsum eintritt.

„Simone Weil dachte nicht an Massen, sondern an Personen; sie wollte die Arbeiter nicht führen, sondern ihnen dazu verhelfen, aufgrund ihrer eigenen Bedürfnisse, sich selbst zu führen."[4]

Nach dem Abschluss des Zweiten Teils des Bakkalaureats in Philosophie wechselt Simone Weil im Oktober 1925 an das berühmte Lycée Henri IV. Dort

---

[1] ZG, S.102
[2] Stationen der Wohnorte sind: Neufchâteau (Vogesen), Mentone, Mayenne, Chartres, Laval und schließlich wieder Paris. (Krogmann, Angelika: S.169)
[3] Abosch: Simone Weil zur Einführung, S.13
[4] ebd., S.41

übt besonders ihr Lehrer Emile Chartier alias Alain einen bedeutenden Einfluss auf sie aus, Simone wird zu seiner Lieblingsschülerin. Alain, der eine ganze Generation von Intellektuellen in Frankreich geprägt hat, führt Simone Weil ein in das Denken von Platon, Déscartes und Kant. Seit 1903 veröffentlicht Alain Kurzartikel in der *Dépêche de Rouen*, die berühmten *Propos*. In aphoristischem Stil behandelt er aktuelle Fragen, immer orientiert am Konkreten und an den Problemen der Menschen. Es ist vor allem dieser kurze und prägnante Stil, der Simone Weils eigenen Schreibstil prägt. Ihr gesamtes Werk ist von einem eher fragmentarischen Wurf als von einem geschlossenem Denken gekennzeichnet. Alain fördert Simone Weil, er ist von ihr beeindruckt:

> „'Ich habe sie ihren Altersgenossen überlegen gefunden, außerordentlich überlegen. Ich habe von ihr Kommentare über Spinoza gelesen, die alles in den Schatten stellten. Als sie in die Politik ging (...) erwartete ich viel.'"[5]

Dennoch erlaubt sich die begabte Schülerin einen Fauxpas, indem sie 1926/27 durch die Geschichtsprüfung fällt. Sie hatte es vorgezogen, rauchend in Cafés zu sitzen und zu diskutieren. Diese kleine Begebenheit, die für Simone eine Katastrophe bedeutet, zeigt wie sehr sie aus gängigen Klischees der damaligen Zeit ausbricht. Nach Aussage ihrer Mitstudierenden tritt Simone in männlichen Kleidern auf und legt keinen Wert darauf, ein gängiges Frauenbild zu vertreten. Zudem ist ihre Kritik am französischen Bildungssystem eindeutig, was sie schon in jungen Jahren deutlich macht und am Ende ihres Lebens nochmals bekräftigt:

> „Die Bildung ist ein Werkzeug, von Professoren gehandhabt, zur Erzeugung von Professoren, die wiederum Professoren erzeugen. Von allen gegenwärtigen Formen, unter denen die Krankheit der Entwurzelung auftritt, gehört die Entwurzelung der Bildung zu den besorgniserregendsten. Die erste Folge dieser Krankheit besteht allgemein darin, daß man auf allen Gebieten, weil die Bindungen zerschnitten sind, jedes Einzelding als Selbstzweck betrachtet. Die Entwurzelung erzeugt die Vergötzung."[6]

Ihr Engagement für linksradikale Gedanken, ihr Eintritt in den Frauen-Rugby-Verein „Femina" sowie ihr unschmeichelhaftes und kompromissloses Auftreten an der Universität lassen sie bei Zeitgenossen in einem zwielichtigen Licht erscheinen. Man achtet Simone Weil und ist gleichzeitig von ihr befremdet. Ebenso ergeht es ihr in ihrer ersten Lehramtsstelle in Le Puy. Dort nämlich lässt sie trotz Lehrauftrag für die höheren Töchter der Bourgeoisie nicht ab von ihrem Einsatz für die Belange der Arbeitenden unterer Schichten. Aufgrund ihres Einsatzes für die Bergarbeiter wird sie im Januar 1932 kurzfristig von der Polizei festgenommen und daraufhin von der Schulbehörde strafversetzt. Die skandalumwitterte Lehrerin betrachtet diese Versetzung als den Höhepunkt ihrer

---

[5] Abosch, Heinz: Simone Weil zur Einführung, S.38
[6] E, S.108

Karriere.[7] Sie widersetzt sich dem Lehrsystem, das Menschen einteilt nach „Berührbaren und Unberührbaren".[8] Ihre Überzeugung, dass die Arbeiter die eigentliche Weisheit besitzen, wird für Simone Weil im realen Kontakt mit ihnen greifbar. Von 1934 bis 1935 ist Simone Weil nur noch zeitweilig im Schuldienst tätig. Ihr Gesundheitszustand erfordert wiederholte lange Unterbrechungen vom Dienst. Nach der Annektierung Frankreichs schließlich ist ihr das Unterrichten aufgrund ihrer nicht-arischen Herkunft untersagt.

Die Karriere im Schulbetrieb bleibt Simone Weil untersagt, allerdings auch aufgrund ihrer eigenen Widerspenstigkeit. Dagegen beginnt für sie eine andere Art von Karriere nach unten mit ihrem Versuch des Fabrikjahres. Am 1. Oktober 1934 beantragt sie unbezahlten Urlaub von der Schule zu persönlichen Studien. Sie nimmt eine Stelle als Hilfsarbeiterin in der Elektro-Firma Alsthom in Paris an. Aus dieser Zeit stammt auch ihr später berühmt gewordenes *Journal d'usine.*, in dem sie Erfahrungen ihrer Arbeit reflektiert. Die wichtigste Frage ist für Simone Weil die der Arbeitenden. In einer Zeit, in der in Deutschland die Machtergreifung Hitlers vollzogen ist und der Reichstagsbrand in Berlin bedenkliche Vorzeichen sendet, interessiert sich Simone Weil in erster Linie für Gewerkschaftsarbeit. Ihre Teilnahme vom 5.-7.- August 1933 an dem Kongress der französischen Gewerkschaftsbewegungen C.G.T. und C.G.T.U., bei dem sie einen Aufsehen erregendenden Vortrag hält, ihre Kontakte zu den führenden Persönlichkeiten der französischen Kommunisten[9], sowie die persönliche Begegnung mit Leo Trotzki zeugen von ihrem links-radikalen Engagement. Auch auf ihrer Berlinreise 1932 interessiert sie sich weniger für die aktuellen politischen Ereignisse als für die ihres Erachtens erstaunliche Bewegung der deutschen Arbeiterjugend. Erst 1939 äußert sie sich über das Hitlerregime, dann allerdings rückhaltlos und mit äußerstem Scharfblick.

Ihr Jahr in den Pariser Fabriken wird für Simone Weil zum Meilenstein ihrer persönlichen und intellektuellen Weltsicht. Alles, was sie nach diesem Jahr erlebt und reflektiert, richtet sich aus an den Erfahrungen der Fabrikzeit. Es entsteht ihre Philosophie der Notwendigkeit und Ent-Schaffung. Das Jahr selber ist gekennzeichnet durch unterschiedliche Krankheits- und Erschöpfungszustände, von denen sie sich nie wieder erholen wird. Vor allem aber die Begegnung mit wirklichem Hunger aufgrund von Geldmangel bestimmt fortan ihr Leben. Nach einem kurzen Erholungsurlaub im August 1935 in Portugal nimmt sie für kurze Zeit ihre Lehrtätigkeit am Lycée in Bourges wieder auf. In der Zwischenzeit hat Hitler seine „Nürnberger Gesetze" erlassen. Von Simone Weil findet sich hierzu

---

[7] Cabaud, S.68
[8] Krogmann, Angelika, Simone Weil, S.36
[9] Simone Weil war Mitarbeiterin an Alains *Libres Propos*, an der *Révolution Prolétarienne* und am *Effort*. Sie arbeitete in der Arbeiterstudiengemeinschaft in Saint-Étienne, wo sie mit den führenden Köpfen der Gewerkschaften in Kontakt kommt.

keine Reaktion. Sie richtet ihr Interesse Richtung Süden, wo in Spanien am 18. Juni 1936 der Bürgerkrieg ausbricht. Trotz ihres bisherigen pazifistischen Standpunktes reist sie im August nach Spanien, um auf der republikanischen Seite mitzukämpfen. Ihre Kampfeslust wird jedoch jäh beendet, als sie sich beim Kochen mit siedendem Öl schwer verletzt und zur Genesung in ein Lazarett nach Barcelona gebracht wird. Aus dieser Zeit stammt ihr Kontakt mit George Bataille. Doch nicht nur durch diesen Unfall ist Simone Weil ernüchtert über das, was sie im Bürgerkrieg beobachtet. Es ist zum einen die Erkenntnis, dass es in diesem Krieg nicht etwa um die Interessen der Bauern gegen die Grundbesitzer geht, sondern vielmehr um die Interessen Deutschlands gegen Russland. Auf Kosten des spanischen Volkes wird um einen Faschismus oder Bolschewismus der Großmächte gekämpft. Auch die Grausamkeiten des Krieges hinterlassen Spuren in ihrem Inneren. Sie erkennt, dass man sowohl *„der Angst zu töten, als auch der Lust zu töten"*[10] widerstehen muss.

Die Brandwunden heilen schlecht. Zwangsläufig wird Simone Weil vom Schuldienst beurlaubt und unternimmt im Frühjahr 1937 zusammen mit ihren Eltern eine Reise in die Schweiz und nach Italien. War ihr bereits auf ihrer Portugalreise 1935 eine Marienwallfahrt von Fischerfrauen besonders ans Herz gegangen, so erlebt sie nun in Assisi eine einschneidende religiöse Bekehrung. Sie fällt in der Portiunkula-Kirche zum ersten Mal in ihrem Leben auf die Knie. Von nun an kann sie der Auseinandersetzung mit der christlichen, speziell katholischen Religion nicht mehr aus dem Weg gehen.
Die politischen Ereignisse in Deutschland spitzen sich zu. Im März 1938 findet der deutsche Einmarsch in Österreich statt, im Oktober wird das Sudetenland besetzt. Auch werden Ausschreitungen gegen deutsche Jüdinnen und Juden im Ausland bekannt. Simone Weil aber beschäftigt sich mit der Religion. Ostern 1938 weilt sie zusammen mit ihrer Mutter in der Benediktiner-Abtei Solesmes, wo sie beim Hören des gregorianischen Chorals unter sinnraubenden Kopfschmerzen eine Ekstase erlebt: Ihre Seele tritt aus ihrem Körper heraus. Sie entdeckt aufgrund eines Gedichts von Georges Herbert „Love" die Kraft des Gebetes, sie erlebt eine Christusvision, sie beschäftigt sich mit christlicher Kunst.
Mit dem Einmarsch Hitlers im Frühjahr 1939 in Prag endlich meldet sich Simone Weils weltpolitisches Interesse zurück. Sie gibt ihren pazifistischen Standpunkt endgültig auf, weil sie überzeugt ist, dass man der Expansionspolitik Hitlers nur mit Waffengewalt begegnen könne. Seit 1937 arbeitet Simone Weil bei der Zeitschrift *Nouveaux Cahiers,* in der sie 1940 den wichtigen und brisanten Artikel *Quelques réflexions sur l'origine de l'Hitlerisme* veröffentlicht.[11] Zur gleichen Zeit zeigt Simone Weil nicht nur politisches, sondern auch religiöses

---

[10] Krogmann, Angelika: Simone Weil, S.90/91
[11] ŒC II, Volume 3, S. 168-219

Interesse. Sie beschäftigt sich mit der Lektüre der Bhagavad-Gita und dem Studium des Sanskrit
Im Mai 1940 marschieren die deutschen Truppen in Paris ein. Simone Weil flüchtet zu Fuß über die Demarkationslinie, zunächst nach Vichy, dann nach Marseille. Dort wird sie in der Résistance tätig, verteilt verbotene Zeitschriften und wird wegen „Gaullismus" verhaftet. Nach langen Verhören entlässt man sie, weil man sie für geisteskrank hält.[12]
Ihr Wunsch eine Lehrtätigkeit in Algerien aufzunehmen zerschlägt sich.
Simone Weil nimmt in Marseille an Versammlungen der Christlichen Arbeiterjugend teil. Über ihre Bekannte Hélène Honnorat[13] schließt sie Bekanntschaft mit dem Dominikanerpater Jean-Marie Perrin. P.Perrin ist zu dieser Zeit eine bekannte Adresse für Flüchtlinge in Marseille. Simone Weil tritt mit dem Anliegen an ihn heran, die Arbeit auf dem Land kennen lernen zu wollen. Bei ihrem ersten Treffen spricht sie zu P.Perrin von ihrer Liebe zu den Unglücklichen und ihrer Sehnsucht deren Schicksal teilen zu wollen. Zwischen den beiden entsteht sogleich ein intensiver Dialog über die Probleme der Religion. Nach diesem ersten Treffen sucht Simone Weil den fast blinden P.Perrin auf, so oft sie kann.[14] Und: Sie beginnt sich mit der Frage der Taufe auseinander zu setzen. P.Perrin wird ihr geistlicher Freund und Berater. Er ist es auch, der sie Anfang August 1941 zu seinem Freund Gustave Thibon nach Saint-Marcel d'Ardèche aufs Land schickt. Dort versucht sich Simone Weil als Landarbeiterin und führt mit dem Philosophen Thibon Gespräche über christliches Gedankengut. Im Herbst 1941 kehrt Simone Weil nach Marseille zurück, wird dort verschiedentlich von der Polizei verhört, letztendlich aber als uninteressanter Fall laufen gelassen.

---

[12] Nach Angelika Krogmann wird Simone Weil von der Polizei deswegen als geisteskrank eingestuft, weil sie die Gesellschaft von Prostituierten, mit denen sie zusammen im Gefängnis untergebracht war, als sehr willkommen bezeichnete. (Krogmann, Angelika: Simone Weil, S.174)

[13] Pierre Honnorat war ein alter Schulkamerad von André Weil und ebenfalls Mathematiker. Seine Schwester Hélène war Lehrerin am Lycée de jeunes filles in Marseille. Nachdem Simone Weil erfuhr, dass beide in Marseille weilten, suchte sie sie auf. Hélène war überzeugte Katholikin und diskutierte mit Simone über Religion. Sie war es, die Simone Weil mit dem Dominikanerpater Perrin bekannt machte. (SP II, S.297)

[14] SP II, S.3229-330
Jean-Marie Perrin, geb. 1905 in Troyes, trat 1922 dem Dominikanerorden in Saint-Maximin bei. Nach Abschluß seiner theologischen Studien, wird er nach Marseille versetzt, wo er unter anderem als Exerzitienbegleiter und Studentenseelsorger tätig ist. 1941 begegnet er Simone Weil, 1942 wird er nach Montpellier versetzt- Dort wird er 1943 von der Gestapo verhaftet. 1946 kehrt er nach Marseille zurück. Bereits seit 1937 zeigt Perrin in seinen Schriften ein besonderes Interesse für die Bedeutung der Laien in der Kirche aufgrund ihrer Taufe. (Devaux, André A.: Vorwort zu Perrin, Jean-Marie: Mon dialogue avec Simone Weil, S.13)

Im Winter 1941/42 hält Simone Weil in einem Freundeskreis in der Krypta des Dominikaner-Klosters Vorträge über ihre Studien der Pythagoräer und Platon, die sie als christliche Vordenker sieht. Von Januar bis Mai 1942 entstehen die religiös-autobiografischen Briefe an P. Perrin sowie an Joë Bousquet[15], mit dem sie in Carcassone zusammengetroffen war. Am 14.Mai schließlich flieht sie mit den Eltern nach Algier. Zuvor vertraut sie Gustave Thibon ihre sämtlichen Aufzeichnungen an, die die späteren *Cahiers* bilden werden. Anfang Juli gelingt die Überfahrt in die USA, die Weils wählen den Wohnort New York. Kaum dort angekommen bereut Simone Weil jedoch ihre Emigration und will unter jedem Preis als Partisanin nach Europa zurückkehren. Sie nimmt Kontakt auf mit Maurice Schumann in London, dem Leiter von *Forces de la France libre* (F.F.L.). Mit der Katastrophe von Stalingrad im Winter 1942/43 tritt eine Wende im Kriegsgeschehen ein. Simone Weil, die sich in New York vor allem mit ethnologischen Studien beschäftigte, gelingt Mitte November 1942 die Rückreise nach England. Sie wohnt bei der Witwe Francis in Notting Hill und arbeitet unermüdlich für die F.F.L. Hier entsteht die große Schrift *L'Enracinement*. Aufgrund eines körperlichen Zusammenbruchs infolge Überarbeitung wird Simone Weil am 15. Mai 1943 in das Middlesex Hospital eingeliefert, später in das Grosvenor-Sanatorium in Ashford/Kent überführt. In ihren letzten Briefen an die Eltern erwähnt sie mit keinem Wort ihre schwere Erkrankung an Lungentuberkulose. Sie verweigert ausreichende Nahrung, arbeitet bis zuletzt an ihren Tagebuchnotizen und stirbt schließlich am 24. August 1943. Die Beerdigung findet am 30. August in kleinem Kreis auf dem Friedhof von Ashford statt. Die Schriften von Simone Weil erscheinen ab 1947 bei Gallimar und Plon in Paris.

Die äußeren Daten zeugen von einer unaufhörlichen Suche in einer unruhigen Zeit. Das aber, was Simone Weil im Letzten sucht ist das wahre, das echte Leben. Ihre Hoffnung, die sie bereits seit Jugend hegt[16], ist es, einen

„Zugang zu jenem transzendenten Reich zu finden, zu dem einzig die großen Menschen Zutritt haben und in dem die Wahrheit wohnt."[17]

Wahrheit bedeutet für Simone Weil also eine transzendente Größe und diese Transzendenz ist wahr, weil sie Wirklichkeit ist. Wenn dieser Wahrheitsbegriff auch zunächst platonisch anmuten mag (dies um so mehr, da Simone Weil Platon hoch schätzt), so zeigt doch ihr Leben, dass sie sehr bemüht ist, die empirische Wirklichkeit dieser Welt nicht idealistisch, sondern realistisch zu begreifen.

---

[15] Joë Bousquet war aufgrund einer Kriegsverletzung lebenslang querschnittsgelähmt. Simone Weil verständigte sich mit ihm vor allem über den Sinn des Unglücks. Siehe hierzu ihren Brief vom 12 Mai 1942 in ZG, S.134-143;
[16] ZG, S.102
[17] ZG, S.102

Auf der Suche nach der Wahrheit begibt sich Simone Weil in Lebenskontexte (oder findet sich in ihnen vor), die in ihrer Extremität als scharfe Kontraste hervortreten. Es scheint fast so, dass sie bewusst die Gegensätze sucht, in ihnen jeweils an die Grenze des Ertragbaren geht, um so dem Wirklichen auf die Spur zu kommen. Wirklich aber ist für sie nur das, was sich ohne Illusion, in Nacktheit und Blöße zeigt. Gerade die Befreiung von Illusionen, von falschen Vorstellungen, macht die Plausibilität ihrer Grenzsuche verstehbar. An den nichtselbstgemachten Grenzen wird dem Menschen deutlich, was unabänderlich, was wirklich und damit wahr ist. Diese Erkenntnis belegt Simone Weil mit dem Wort „Notwendigkeit", das ihr besonders in dem Erleben des „malheur", des Unglücks entgegentritt. Ausgehend von Descartes' ontologischem Zweifel, mit dem sie sich in ihrer Abschlussarbeit am Henry IV. beschäftigt[18], weiß Simone Weil um die Relativität des wissenschaftlichen Arbeitens im Sinne seiner gleichzeitigen Infragestellung. In dieser Arbeit zeigt Simone Weil auf, dass der Mensch als erkennendes Subjekt durch die äußeren Bedingungen seiner Existenz begrenzt bleibt und damit gezwungen ist, sich innerhalb der Bedingungen des Lebens zu bewegen. Aufgabe der Wissenschaft ist es also nicht nur, die Wirklichkeit zu untersuchen und einer Analyse zu unterziehen, sondern in erster Linie den Menschen diese Analyse zu vermitteln und ihnen damit die Möglichkeit zu geben, sich selber zur Wirklichkeit zu verhalten.[19] Die Arbeit ist für Simone Weil das Kriterium, an dem sich entscheidet, was wirklich ist und was der Illusion unterliegt. Gerade deshalb startet sie Jahre später selber ein Experiment, in dem sie die Zustände der Arbeitswelt am eigenen Leib erfahren will, um sie sodann wissenschaftlich zu untersuchen und auszuwerten.

Simone Weil kritisiert Descartes, indem sie schreibt:

> „Les grandes corrélations, qui forment le nœud de la doctrine apparaissent; il n'y a plus de contradiction entre liberté et nécessité, entre idéalisme et réalisme."[20]

---

[18] „Science et perception dans Descartes", ŒC I, S.161-221

[19] „Die großen Wechselbeziehungen, die die Schlinge der Lehre ausmachen, treten in Erscheinung: Es gibt hier keinen Widerspruch zwischen Freiheit und Notwendigkeit, zwischen Idealismus und Realismus."
Simone Weil argumentiert in ihrer Wissenschaftskritik von dem Wert der Arbeit her. Bereits während des Studiums, im Kontakt mit ihrem Lehrer Alain beginnt „die gründliche Imprägnierung der jungen Linksintellektuellen mit sozialistischen, marxistischen, gewerkschaftlichen Ideen". (Krogmann, Angelika: Simone Weil, S.27) Simone Weil ist davon überzeugt, dass nur in der konkreten handwerklichen Arbeit die Möglichkeit besteht, sich selbst in Bezug zur Wirklichkeit zu setzen. Ihrer Ansicht nach wissen die Arbeitenden alles, außerhalb der Arbeit aber wissen sie nicht mehr, daß sie die ganze Weisheit besitzen. Diese Weisheit zu erkennen und ihr eine Sprache zu verleihen, wird über lange Jahre hinweg das Hauptanliegen von Simone Weil bleiben.

[20] ŒC I, S.220

Genau dies ist jedoch ihr Anliegen. Sie möchte die Konturen schärfen, die Wirkliches hervorbringen, in Gegensätzlichkeit. Der Konflikt von Notwendigkeit und Freiheit, von Idealismus und Realismus, soll nicht harmonisiert, sondern in jedem Fall direkt benannt werden. Es geht darum, unterscheiden zu können zwischen dem, was sich wirklich zeigt und dem, was nur Wunschbild und damit Illusion ist.

Die Konfliktfelder, in denen sich Simone Weil bewegt, sind zunächst biografischer Ausdruck einer unkonventionellen und gleichzeitig sehr ernsthaften Suche nach der Identität des eigenen Lebens. In ihnen spiegelt sich ein Grundkonflikt von menschlichem Leben überhaupt wieder, zwischen dem, was unabänderlich notwendig und dem, was der eigenen Entscheidungskraft unterworfen ist. Es geht Simone Weil also um die Frage, inwiefern das cartesische Subjekt einem Trugschluss erliegt, wenn es meint, sich selbst entwerfen zu können. Denn die Erkenntnis des eigenen Denkens hat keinen unbedingten Bezug zur Wirklichkeit solange sie sich nicht im Handeln zeigt. Das, was das Handeln bestimmt, ist von verschiedenen Faktoren abhängig, die zum Teil durch das Subjekt bestimmt sind. Der Konflikt aber zeigt sich in einer Identitätssuche, die bestimmt ist durch einander entgegengesetzte Fragmente. Gegen eine globale Auffassung des Subjekts und eine damit einhergehende Verabsolutierung, steht hier eine Sicht der Wirklichkeit, die reduziert ist auf Unabänderliches und darin das Subjekt selbst konstituiert. Zwischen beiden Sichtweisen also, zwischen dem freiheitlichen Subjekt und den determinierenden Bedingungen, denen es unterworfen ist, sucht Simone Weil ihre Identität. Sie ist Fremde in der eigenen Heimat, sowohl auf sozialem, religiösem und geschlechtlichem Gebiet. Diese Fremdheit ist für sie etwas, was es nicht zu beseitigen gilt, sondern den eigentlichen Inhalt ihrer Identitätssuche darstellt. Identität und Differenz sind also gleichsam in einem Atemzug zu nennen. Das, was als das Eigene angesehen wird, entfremdet zugleich und das, was als fremd erscheint, wird zum Ureigensten. Die Gegensätzlichkeit verschiedenster Bereiche macht den Konflikt von Subjekt und Nicht-Subjekt, von Identität und Nicht-Identität, von Differenz und Nicht-Differenz deutlich. Die Frage also, ob der Mensch frei oder festgelegt ist, stellt sich in diesem Konflikt nicht als eine Alternative, sondern als eine gegenseitige Bedingung.

Das cartesische Subjekt kommt nicht als Erkennen allen Gegebenheiten zuvor, sondern ist vielmehr Ergebnis eines Prozesses von Erkennen und Handeln, von Freiheit und Notwendigkeit. Dieses Ergebnis hat jedoch nichts zu tun mit einem fertigen Begriff des Subjekts, der gefunden und wiederum verabsolutiert wird, sondern er ist die Wahrnehmung des Menschen als zu seinen Bedingungen befreit.

Simone Weils biografische Konfliktfelder sind also nicht nur Ausdrucksform einer Extremistin, sondern haben weitreichend inhaltliche Bedeutung. In ihnen wird deutlich, dass die Identität kein einmal errungenes fertiges Produkt ist, sondern ein Ereignis in zeitlicher und begrifflicher Hinsicht. Was zur eigenen Identität beiträgt, kann nicht von den Identitätssuchenden im vorhinein festgelegt werden. Es können nur Kriterien benannt werden, die eine Identität in Religion, Politik und Geschlecht verhindern oder verstärken. Das, was Simone Weil in all diesen Konfliktbereichen als Schwellensituationen sucht, ist Ausgangsfrage dieser Arbeit. Es geht mit darum, in ihrem Leben selber das zu verorten, was daraufhin einer theoretischen Reflexion bedarf.

1. Biografische Konfliktfelder

1.1 Die „in der Arbeiterklasse herumbummelnde Studienrätin"[21]: Zwischen Fabriktor und elitärer Philosophie

Als Philosophielehrerin in Le Puy, Auxerre und Roanne ist Simone Weil ihrer bourgeoisen Umgebung ein Rätsel. Sie unterrichtet ihre Schülerinnen in Philosophie und versteht ihre Lehrtätigkeit als eine Möglichkeit, die jungen Frauen selber zum Denken anzuregen. Ihr Unterrichtsinhalt ist keine leichte Kost, ihre Art zu sprechen nicht gerade animierend. Die Inhalte, über die sie spricht, sind ihr wichtiger als die Erscheinungsweise ihrer eigenen Person. Sie vertritt deswegen eine gewisse monotone Lehrweise, mit der sie zum Wesentlichen hinführen will, um von Unwesentlichem abzusehen. Trotz der Trockenheit ihrer Ausführungen sind die Schülerinnen von ihr begeistert und lieben die unkonventionelle Lehrerin. Die philosophischen Themen, die Simone Weil in Le Puy behandelt, betreffen in erster Linie den Zusammenhang von Arbeit und Religion, von Religion als Kunst, von der Zeit als Element der Wirklichkeit usw. Cabaud schildert in seiner Simone-Weil-Biografie die erste Stunde im Lyzeum folgendermaßen:

> „Verschüchtert bestieg sie das Katheder mit steifen Schritten, sah nicht um sich, ordnete die mit regelmäßigen Schriftzügen bedeckten Blätter, stützte ihren Kopf in die Hände und begann mit gleichförmiger Stimme: 'Die Philosophie ist eine Wissenschaft; aber eine ganz andere Wissenschaft, als was man gewöhnlich Wissenschaft nennt. Sie ist ein Nachdenken, ein Denken über das Denken selbst. Am Anfang haben sich die Menschen nur für die Dinge um ihrer selbst willen interessiert; das war eine Notwendigkeit. Die erste freie Tätigkeit des Menschen bestand darin, Tempel zu bauen. Deren Schönheit regte ihn zum Nachdenken an. Aber dieses Nachdenken über die schönen Werke war noch nicht Philosophie, sondern Religion. In dieser primitiven Gesellschaft gab es also zwei Arten menschlicher Tätigkeit: Arbeit und Religion. Alle freien Gedanken der Menschen gingen in Religion auf. Die Philosophie kommt nach allem übrigen. Ihr Gegenstand sind alle menschlichen Gedanken und nichts anderes.'"[22]

Simone Weil bleibt jedoch mit ihrem Unterrichtseifer nicht nur in der Schule. Sie unterrichtet auch Arbeiter des kleinen Städtchens, weil sie überzeugt ist, dass die Bildung der Arbeiterschaft der wesentliche Bestandteil der Revolution ist. Schon in Paris hatte Simone Weil Kontakte zur „La Révolution Proleta-

---

[21] Zitiert nach Heinz Abosch: Simone Weil zur Einführung, S.78
[22] Cabaud, S.53-54, Cabaud zitiert hier mündliche Aussagen von Schülerinnen Simone Weils.

rienne" geknüpft. Die syndikalen Bewegungen der C.G.T und C.G.T.U. standen ihren Gedanken am nächsten. Einen Kommunismus, wie ihn Stalin praktizierte, lehnte sie rigoros ab, weil er sich ihrer Meinung nach auf brutale Gewalt stützte und zur Befreiung der Arbeiterschaft nicht im geringsten beitrug. In Le Puy nun unternimmt sie von Anfang an regelmäßige Fahrten nach St.Etienne, um dort mit Urbain, dem Ehepaar Thévenon und Claudius Vidal, dem Vorsitzenden des Syndikats der Sektion Haute-Loire, in Verbindung zu treten. Ihr Engagement für die Arbeiter erregt in Le Puy einiges Aufsehen. Sie handelt sich den Spitznamen „La vierge rouge"[23] ein und sorgt durch ihre Teilnahme an diversen Streiks der Bergarbeiter für einige Skandale. Aufgrund ihres öffentlichen Auftretens wird sie nach mehreren Auseinandersetzungen mit der Schulleitung schließlich 1932 nach Auxerre strafversetzt. Offizielle Begründung hierfür war die hohe Durchfallquote ihrer Schülerinnen beim Baccalaureat. Inoffizieller Grund aber wird die Sorge der Eltern in Le Puy gewesen sein, die ihre Mädchen dem Einfluss einer skandalumwitterten Lehrerin ausgesetzt sahen.

Die Zeitungen in Le Puy und Umgebung überschlagen sich jedenfalls mit Beschimpfungen und Diffamierungen in bezug auf die Person Simone Weils. Die Bourgeoisie tut sich schwer mit einer Frau, die auf ihren guten Ruf pfeift. Die Bandbreite der Titel, mit denen Simone Weil versehen wird, reicht von „'Suffragette'"[24] über „'Cette moscoutaire militante'"[25] bis hin zu „'Jeanne d'Arc'" [26]. Am schärfsten schießt die Pariser Wochenzeitschrift „Le Charivari": „'Il paraît que l'Antichrist est au Puy. C'est une femme. Elle est habillée en homme.'"[27] und die Zeitschrift „Le Mémorial" schreibt am 4.Februar 1932:

„'Mlle Weill [sic], vierge rouge de la tribu de Lévi, messagère de l'évangile moscoutaire'".[28]

Alle diese Titel und Bezeichnungen zeigen, wie schwer es den Zeitgenossen Simone Weils fällt, sie in ein bestimmtes Genre einzuordnen. Sie ist Jüdin, die das Moskauer Evangelium verkündet, Jungfrau in Männerkleidern, militante Suffragette. Eines wird durch diese Aussagen zumindest deutlich; Simone Weil ist für

---

[23] Diesen Spitznamen erhielt Simone Weil vermutlich ursprünglich von ihrem Direktor der École Normale Supérieure, Professor Bouglé in Le Puy. (Krogmann, Angelika: Simone Weil, S.33)
[24] SP I; S.212
[25] SP I, S.227
[26] SP I, S.229
[27] SP I, S.241
[28] SP I, S.245
Von ihren Schülerinnen dagegen wird Simone Weil liebevoll als „'La Simone'" oder gar „'notre Mère Weil'" bezeichnet (Krogmann, Angelika: Simone Weil, S.35). Auf das Drängen ihrer Töchter schreiben die Eltern schließlich doch eine Petition an die Schulleitung, die beliebte Lehrerin trotz der Vorfälle in Le Puy nicht straf zu versetzen.

viele ein Rätsel und ein Ärgernis obendrein. Sie selber scheint durch diese Beschimpfungen wenig beeindruckt gewesen zu sein. Ihr Engagement für die Arbeitenden bleibt indes ungebrochen:

„Sie wollte insgesamt die Lebensbedingungen derjenigen verbessern, die auf der sozialen Stufenleiter zuunterst standen."[29]

So schließt Simone Weil auch persönliche Freundschaften mit den Arbeitenden, trifft sich mit ihnen in Cafés[30], teilt ihr Lehrerinnengehalt mit ihnen und besucht Bergwerksminen. In ihrer Schreibtätigkeit für die Zeitschriften „Libre Propos", „L'Effort" (Zeitschrift für das autonome Kartell der C.G.T.U. der Haute-Loire), den „Bulletin de la Section de la Haute-Loire", die Arbeiterzeitschrift „La Tribune républicaine" beschäftigt sich Simone Weil zum einen mit der von ihr erhofften syndikalen Vereinigung, der gegenwärtig wirtschaftlich schwierigen Lage in Frankreich, zum anderen mit der Situation der Arbeitslosen. Auch die pazifistische Herausforderung ist ein wichtiges Thema ihrer Artikel. Die Themen der Arbeit und des Pazifismus setzt Simone Weil in einen Bezug zueinander, indem sie hinweist auf den wesentlichen Wert der Arbeit für das menschliche Leben und Zusammenleben. Eine Wertevermittlung, die einen Frieden sichert, muss über die Arbeit geschehen. Die hohe Zahl der Arbeitslosen und Arbeitenden in notvollen Situationen verhindere diesen Friedensprozess.[31] Scharf kritisiert sie Stalin, der die ökonomischen Erfolge Amerikas preist. Für sie wird die Situation der Arbeiter nicht verbessert durch ökonomische Erträge, nach dem Motto: „produire le plus possible"[32]. Stalin verrät nach Meinung Simone Weils den von Marx angeklagten Zwiespalt von Kapital und Arbeit. Damit betrügt er das Proletariat, für das Simone Weil sich engagiert. Es geht ihr darum, eine Kultur der Arbeitenden zu entwickeln, in der diese selber einen Einblick in die jeweiligen Arbeitsprozesse bekommen und sich in ihnen geistig verwirklichen können. Zu einer solchen Kultur trägt Simone Weil bei mit Ver-

---

[29] Krogmann, Angelika: Simone Weil, S.34
[30] Der Besuch von Cafés, in denen sich die Arbeiter trafen, war für das Kleinbürgermilieu in Le Puy bereits eine skandalöse Handlung an sich. Für eine Frau bedeutete ein solcher Besuch den Verlust eines anständigen Rufs. Simone Weil wurde deswegen auch von dem Kommissar zurechtgewiesen, woraufhin sie konterte:
„'Je refuse de répondre à des questions concernant ma vie privée.'" (SP I, S.215)
[31] In ihrem Artikel vom 20. Februar 1932 mit dem Titel „La Conférence du Désarmement" in *L'Effort*, n° 295, schreibt sie:
„Ce qu'il y a de sérieux dans le mémorandum français, c'est la préoccupation de trouver en cas de guerre une manière de protéger les civils. La guerre moderne a pour condition la division du travail exprimée par sette parole de Vauvenargues: 'Le vice formente la guerre, la vertu combat.'" (ŒC II, Volume 1, S.85)
[32] ŒC II, Volume 1, S.106

anstaltungen, wie den „Cercle d'Études". In diesen Sonntagsveranstaltungen an der „Bourse du travail", liest sie mit den Arbeitenden Texte von Marx.[33] Nicht nur in Le Puy, sondern auch später in Auxerre und Roanne lässt ihr Engagement für die soziale Frage der Arbeiter nicht nach. Von Auxerre aus, wo sie seit Oktober 1932 unterrichtet, befindet sich Simone Weil wieder in einer geografisch näheren Verbindung zu Paris. Dafür ist der Kontakt nach Saint-Etienne, dem Ort der syndikalen Kontaktpersonen, für sie durch die weite Entfernung erschwert. Weiterhin schreibt sie eine große Anzahl Artikel, beschäftigt sich mit der politischen Situation in Deutschland[34], mit Fragen der nationalen und internationalen Politik. Die meisten ihrer Überlegungen und Schriften bleiben unveröffentlicht.

Ein aufsehenerregendes Meisterstück ihrer Schreibtätigkeit ist der Artikel „Perspektives. Allons-Nous vers la Révolution?"[35], der in der Zeitschrift „La Révolution prolétarienne" am 25 August 1933 erscheint. Dieser Artikel kennzeichnet die gedankliche Kehrtwende Simone Weils, die sich bereits in vorhergehenden Artikeln im *L'Effort* ankündigten.[36] Simone Weil verurteilt das Verhalten Russlands als eine Politik der eigenen Staatsinteressen, die keinen Bezug mehr zum Weltproletariat aufweisen. Sie zeigt unter anderem auf, dass sich an den Herrschaftsverhältnissen im russischen Kommunismus nichts geändert hat, obwohl das Eigentumsrecht an das Kollektiv übergegangen ist. Sie wirbt für das Individuum als höchstem Wert, dem sich die Gesellschaft unterzuordnen hat. Das schwierigste Problem aber besteht für Simone Weil darin, dass eine sozialistische Gesellschaft nicht ohne Bürokratie auskommt, der sich auch der Syndikalismus nicht entziehen kann. Bürokratie ist ihrer Meinung nach jedoch Verrat, weil bürokratisches Vorgehen als Vertretung einer öffentlichen Meinung immer das Individuum untergräbt.
Die Perspektive, die Simone Weil dem Sozialismus eröffnet, lautet:

---

[33] In einem Aushang für derlei Veranstaltungen heißt es: „Le Cercle d'études s'est réuni le dimanche 31 janvier à la Bourse du travail, salle 42. Il a été traité de la forme particulière d'exploitation qui constitue le régime capitaliste, et de la forme de production sur laquelle ce régime repose. Des texte de Marx ont été lus et ont été commentés par quelques-uns des camarades présents." (ŒC II; Volume 1. S.84, siehe auch ebd., S.314-317, 329-333)
[34] Vor Schulbeginn im August '32 hatte Simone Weil eine Reise nach Berlin unternommen, von der sie beeindruckt über die deutsche Arbeiterjugend und enttäuscht über die Kommunistische Partei zurückkehrte. Ihr Interesse an Deutschland gründete in erster Linie in dem Deutschland als dem „Vaterland der Revolution". (Cabaud, S.70)
[35] ŒC II, Volume 1, S.260-281
[36] Siehe „Reflexions concernant la technocratie, le national-socialisme, l'U.R.S.S. et quelques autres points" (ŒC II, Volume 1, S.213-216), sowie „Faisons le point" (ŒC II, Volume 1, S.217-219) und „Le rôle de l'U.R.S.S. dans la politique prolétarienne?" (ŒC II, Volume 1, S.253-259)

„Le seule espoi du socialisme réside dans ceux qui, dès à présent, ont réalisé en eux-mêmes, autant qu'il est possible dans la société d'aujourd'hui, cette union du travail et du travail intellectuel qui définit la société que nous nous proposons."[37]

In der Analyse des Artikels behauptet ein Kritiker, dass sich die Intellektualität Simone Weils in ihrer abstrakten Denkweise über die Arbeiterschaft erhebe. Diesen Vorwurf wird Simone Weil umdrehen, indem sie während ihres Fabrikjahres die Herren der proletarischen Revolution darauf hinweist, dass sich sicherlich keiner von ihnen je auf den Fabrikalltag eingelassen habe.[38] Dennoch ist in dem Vorwurf dieses Kritikers eine Wahrheit enthalten. Denn, obwohl Simone Weil sich solidarisiert mit den Arbeitenden, und ihr Engagement ganz auf die Proletarische Revolution ausgerichtet ist, bleibt sie dennoch die privilegierte Philosophielehrerin mit hoher Bildung. Es mag sein, dass sie selber sich nicht überlegen fühlte gegenüber den einfachen Menschen des Bergwerks, faktisch jedoch blieb sie es. Mit allen Mitteln versucht Simone Weil dieser Notwendigkeit ihrer Erziehung und Bildung entgegenzuwirken. Sie verwirklicht 1934 ihren seit langem gehegten Plan, unbezahlten Urlaub zu nehmen, um in der Fabrik zu arbeiten. Dort will sie unerkannt bleiben (obwohl sie auch hier nur über Beziehungen zum Fabrikdirektor einen Arbeitsplatz erhält) und sich nun nicht mehr gedanklich, sondern ganz real mit der Arbeit als sozialem Element beschäftigen. Die Arbeit ist für Simone Weil die einzige Möglichkeit, der Wirklichkeit zu begegnen, ohne im Traum zu leben. Das Gespür, als Philosophin eher einer gedanklichen Scheinwelt zu unterliegen, die die Wahrheit verhindert, läuft ihrer intellektuellen Redlichkeit entgegen. Ihr Interesse, an der Untersuchung der Wirkkraft der Arbeit, der manuellen Arbeit auf den Menschen, sowie ihre starke Solidarisierung mit den Arbeitenden bereits während ihrer Lehrtätigkeit vor

---

[37] ŒC II, Volume 1, S.280/281
„Der Sozialismus setzt seine einzige Hoffnung auf diejenigen, die jetzt schon in sich selbst realisiert haben, inwiefern es in der heutigen Gesellschaft möglich ist, diese Arbeit und die intellektuelle Arbeit, welche die Gesellschaft definiert, die wir uns vorstellen, miteinander zu verbinden."
Die Reaktionen auf diesen Artikel waren unterschiedlich. Roger Hagnauer veröffentlicht bereits einen Monat später in der RP einen Gegenartikel, der die Schwächen des Artikels sowie ihre Person kritisiert. Trotzki zeigt sich beeindruckt, schreibt aber über die Autorin:
„'Verzweifelt über die „kläglichen Erfahrungen" der „Diktatur des Proletariats", findet Simone Weil Trost in einer neuen Mission: ihre Persönlichkeit gegen die Gesellschaft zu verteidigen. Das Rezept des alten Liberalismus, aufgefrischt durch eine billige, anarchistische Begeisterung... Sie und ihresgleichen werden viele Jahre brauchen, um sich von den reaktionären kleinbürgerlichen Vorurteilen zu befreien."' (Cabaud, S.60)
Marcel Martinet urteilte über Weils Artikel, seit den Tagen Rosa Luxemburgs sei nichts Gescheiteres mehr geschrieben worden.
[38] FT, S.25

1934 führen sie in die Fabrik. Dort erfährt Simone Weil eine andere Form der Notwendigkeit: Die des nackten Lebens.[39]

Die Arbeit in der Fabrik führt dazu, dass Simone Weil letztendlich ihren Status, ihre Herkunft, ihr intellektuelles Vermögen verliert. Sie beschreibt ihren Zustand, der sie nach nicht langer Zeit bereits in der Fabrikarbeit befällt folgendermaßen:

„Während meiner Fabrikzeit, als ich in den Augen aller und in meinen eigenen mit der anonymen Masse ununterscheidbar verschmolzen war, ist mir das Unglück der anderen in Fleisch und Seele eingedrungen. Nichts trennte mich mehr davon, denn ich hatte meine Vergangenheit wirklich vergessen, und ich erwartete keine Zukunft mehr, da mir die Möglichkeit, diese Erschöpfungszustände zu überleben, kaum vorstellbar erschien. Was ich dort durchgemacht habe, hat mich so unauslöschlich gezeichnet, daß ich noch heutigen Tages, wenn ein Mensch, wer es auch sei, unter gleichviel welchen Umständen, ohne Brutalität zu mir spricht, mich des Eindrucks nicht erwehren kann, daß hier ein Mißverständnis vorliegen müsse und daß zweifellos dieses Mißverständnis sich leider zerstreuen werde. Dort ist mir für immer der Stempel der Sklaverei aufgeprägt worden, gleich jenem Schandmal, das die Römer den verachtetsten ihrer Sklaven mit glühendem Eisen in die Stirn brannten. Seither habe ich mich immer als einen Sklaven betrachtet."[40]

Es ist ein Zustand vollkommener Abstumpfung und der Verlust der eigenen Identität, den Simone Weil bei sich wahrnimmt. Dennoch bleibt ihr eine gewisse Distanz zum Geschehen, denn sie notiert während ihrer Zeit in der Fabrik ihre Erlebnisse und Erfahrungen genauestens in ihr Fabriktagebuch. Auch Vorschläge zur technischen Verbesserung der Arbeitsprozesse, sowie der ständige Versuch, die Tatsache der Arbeit philosophisch zu durchdringen, bleiben ihr Interesse. Über ihr Fabriktagebuch schreibt Simone Weil einen griechischen Satz, der gleichsam das Motto ihrer Erfahrungen darstellt:

Gegen deinen Willen, unter dem Zwang einer harten Notwendigkeit.[41]

Zwei Begriffe, die für ihr späteres philosophisches Denken wesentlich sein werden, tauchen also bereits hier auf: Zwang und Notwendigkeit. Es ist ihr Wunsch, eine Doktorarbeit über den Begriff der Arbeit zu schreiben und Alain, der sich von ihren „Reflexions"[42] über die Fabrikzeit begeistert zeigte[43], könnte ihr dazu

---

[39] Durch Boris Souvarine hatte Simone Weil die Bekanntschaft mit Auguste Deteuf gemacht, dem Direktor der Alsthom-Fabrik. Dieser zeigte sich sehr aufgeschlossen gegenüber den Ideen der jungen Philosophin und verschaffte ihr eine Arbeitsstelle in seiner Fabrik. (SP II, S.18; Cabaud, S.110-111)
[40] ZG, S.105
[41] FT, S.43
[42] SP II, S.35

eine Ermutigung gegeben haben. Die beiden wichtigsten Schlussfolgerungen aber, die Simone Weil aus ihrem Fabriktagebuch zieht, sind:
1. Die Arbeitenden haben keine Rechte.
2. Es gibt das Gefühl echter Kameradschaft.[44]

Es ist, wie sie selber sagt, eine glückliche Zeit[45] für sie gewesen, obwohl die Erschöpfungszustände durch die Härte der Arbeit stark an ihrer Gesundheit zehrten. Das, was sie als Glück bezeichnet, ist für sie die Begegnung mit dem wirklichen Leben. Diese Wirklichkeit, d.h. eine Welt ohne Illusion und Traum, ist die Notwendigkeit des Lebens. Und der Notwendigkeit zu begegnen ist für Simone Weil, die auf der Suche nach der Wahrheit ist, ein Glück.[46]
Simone Weil hat die Erkenntnis gewonnen, die Würde verloren zu haben in der Monotonie des Arbeitsprozesses. Gleichzeitig aber erfährt sie, dass sie in ihrer Würde nicht vernichtet ist. Diese Wahrnehmung, dass die Würde des Menschen im letzten nicht zerstört werden kann, ist für sie die wichtigste Erfahrung ihrer Fabrikzeit.[47] Das Gefühl, mit den Arbeitenden auf einer Stufe zu stehen und ihre

---

[43] „Reflexions sur les causes de la liberté et de l'oppression" war der ursprüngliche Titel des später als Buch veröffentlichten Werkes „La Condition ouvrière".

[44] Es kann an dieser Stelle nicht darum gehen, die Fabrikzeit detailliert zu untersuchen, wenn auch gerade sie eine Fundgrube für das Verständnis der Person Simone Weils ist. Die Bedeutung dieser Zeit wird u.a. dadurch deutlich, dass Simone Weil ihre „Reflexions" auch ihr „Testament" nannte (SP II, S.7). Ihre Freundin und Biografin Simone Pétrement ist überdies der Meinung, man müsse das Leben von Simone Weil in zwei Perioden einteilen: Vor und nach ihrer Fabrikzeit. Es scheint tatsächlich so, dass Simone Weil mit ihrer Einsicht in die Fabrikwelt den Glauben an die politische Veränderung der Situation der Arbeitenden zum großen Teil verloren hat. Dies kündigt sich bereits in ihrem weiter oben erwähnten Artikel „Allons-nous vers la Revolution?" an, der von vielen Syndikatskollegen als zu pessimistisch eingestuft wurde. Die Gedanken Simone Weils sprechen nach ihrer Fabrikzeit von einer Welt der Gewalt. Laut Pétrement hatte sich auch ihr Charakter geändert: „Quelque chose en elle avait été brisé, peut-être, et son caractère s'en était adouci. Elle n'était plus tout à fait 'la terrible', comme l'appelait auparavant Cancouët. Elle continuait à lutter contre l'injustice, mais presque sans s'irriter. Elle devenait de plus en plus grave, calme et douce. On songe aux mots de l'épître aux Hébreux qu'elle-même aimait à citer pendant des dernières années: 'Ce qu'il a souffert lui a enseigné l'obéissance.'" (SP I, S.432)

[45] SP II, S.27

[46] Nicht zufällig beschreibt Simone Weil, wie der Hunger in dieser Zeit zu ihrem ständigen Begleiter wird (SP II, S.33). Da der Lohn sich nach der geleisteten Stückzahl richtet, bekommt Simone Weil kaum das Notwendigste zusammen für Miete und Lebensmittel. Das, was sie unter Notwendigkeit versteht, ist kein philosophischer Überbegriff, sondern eine Erfahrung menschlicher Grundbedürfnisse: Nahrung, Wärme, Schlaf, Hygiene, Ruhe, Bewegung, reine Luft. Diese Bedürfnisse wird Simone Weil später aufnehmen in ihr Glaubensbekenntnis der Pflichten gegen das menschliche Wesen. (ZG, S.71)

[47] SP II, S.27

Solidarität mit ihnen in die Tat umgesetzt zu haben, ist für Simone Weil das entscheidende Moment. Jedoch liegt hier meines Erachtens auch ein kritischer Punkt. Es ist nicht zu leugnen, dass Simone Weil in ihrem Fabrikjahr mehrfach Ausfälle hat wegen Krankheit oder erneuter Arbeitssuche.[48] Trotz ihrer schwachen körperlichen Konstitution ist es erstaunlich, dass sie überhaupt einer solch schweren Arbeit gewachsen ist. Dennoch bleibt sie trotz aller Bemühungen eine Privilegierte außerhalb der Arbeiterschaft. Sie kann es sich leisten, Arbeitsausfälle zu überbrücken,[49] sie steht nicht unter dem Druck, eine Familie finanziell über Wasser halten zu müssen[50] und sie behält in allem das Bedürfnis, an den Zuständen etwas ändern zu wollen. Gerade dieser letzte Punkt unterscheidet sie grundlegend von den Arbeitenden. Ihr fällt selber auf, dass die soziale Frage in der Arbeiterschaft keine starke Resonanz findet. Es gibt keine Zeitungen in der Fabrik, die über die wahre Situation der Arbeitenden sprechen und diese kritisch beurteilen. Ihr Aufruf an die Arbeitenden im „Entre nous", selber über ihre Ar-

---

[48] Sie nimmt ihre Arbeit bei der Firma Alsthom am 4. Dezember 1934 auf, muss sie aber bereits am 10. Januar 1935 wegen einer Ohrenentzündung unterbrechen. Am 25. Februar fährt sie fort, bei Alsthom zu arbeiten bis zum 5. April. Nach einer Verletzung an der Hand endet ihre Arbeit bei Alsthom. Am 11. April wird sie von der Firma J.-J. Carnaud et Forges de Basse-Indre übernommen, wo sie bereits am 7. Mai ohne Begründung entlassen wird. Nach einer Zeit der Arbeitslosigkeit von einem Monat wird sie bei Renault am 6. Juni als Fräserin eingestellt. Vom 27. Juni bis 4. Juli hat sie vermutlich Krankheitsurlaub. Am 29./30. Juli denkt Simone Weil bereits daran, ihr Arbeitsprojekt zu beenden, arbeitet aber noch bis zum 9. August weiter. Der 22. August 1935 ist dann als offizielles Arbeitsende in ihrem Arbeitszeugnis verzeichnet. (SP II, S.38-50)
Insgesamt also arbeitet Simone Weil ca. vier Monate in der Fabrik.

[49] Simone Pétrement berichtet, dass die Eltern Weil ihre Tochter heimlich mit Geld unterstützten. Da Simone ihren Lohn immer offen im Zimmer liegen ließ und nicht sicher war, ob und wann davon Fremde etwas nahmen, wird ihr die geheime „Geldspritze" ihrer Eltern nicht aufgefallen sein. (SP II, S.24)

[50] In ihrem Artikel „Leben und Streik der Metallarbeiterinnen (Fabrikbesetzung)" vom 10. Juni 1936 berichtet Simone Weil von der Situation der Frauen in der Fabrik, deren Leben geprägt ist von der ständigen Sorge um den Lebensunterhalt für die Familie: „Gespräche in der Fabrik. Eines Tages bringt eine Arbeiterin ihren neunjährigen Jungen in den Umkleideraum. Späße machen die Runde. 'Bringt die ihn zur Arbeit mit?' Sie antwortet: 'Es wäre mir schon recht, wenn er arbeiten könnte.' Sie muß für zwei Kinder und einen kranken Mann sorgen. Sie verdient zwischen 3 und 4 Francs pro Stunde. Sie sehnt den Augenblick herbei, da ihr Junge den ganzen Tag lang in einer Fabrik eingeschlossen sein wird, um einige Groschen nach Hause zu bringen. Eine liebevolle Kollegin wird über ihre Familie befragt. 'Haben Sie Kinder?' - 'Nein, glücklicherweise. Das heißt, ich hatte eins, es ist tot.' Sie spricht von ihrem kranken Mann, den sie acht Jahre lang pflegen mußte. 'Er ist tot, glücklicherweise...' Gefühle sind schön und gut, aber das Leben ist zu hart..." (FT, S.181)

beit, ihre Gefühle, ihre Situation zu schreiben, sich also eine Stimme zu geben,[51] bleibt ohne Erfolg.

Bei all ihrem Eifer und ihrem Engagement also für die Welt der Arbeitenden, übersieht Simone Weil eines: Es ist ein Unterschied, aus freiwilliger Solidarität in die Fabrikwelt einzusteigen oder ihr aus Zwang zugewiesen zu sein. Zwischen dieser Alternative liegt ein Abgrund, den Simone Weil nicht überschreiten kann. Sie lernt also auf der einen Seite den Zwang und die Notwendigkeit durch ihre Zeit in der Fabrik kennen, denn sie unterwirft sich den Arbeitsbedingungen, durchlebt Müdigkeit, Existenzängste, Erniedrigung, Erschöpfung, Mutlosigkeit, Depression und Krankheit. Dennoch bleibt das Fabrikjahr das, was es war: ein Experiment. Simone Weil kehrt zurück in ihre Lehrtätigkeit, bleibt also notwendigerweise die, die sie bildungsmäßig ist: Eine Intellektuelle. Für kurze Zeit hat sie das Leben eines Lasttiers kennen gelernt, doch sie bleibt de facto nicht darin gefangen. Im letzten kann die Philosophielehrerin nicht aus ihrer Haut, sondern erfährt ihre Privilegierung umso extremer angesichts ihrer Teilnahme am Leben der Arbeitenden.[52]

Es ist nicht abzustreiten, dass Simone Weil tatsächlich die Umstände der Arbeit konkret am eigenen Leib erfährt. Sie übt nicht nur Solidarität mit den Arbeitenden, sondern nimmt zur Zeit der Fabrikarbeit ganz deren Position und Perspektive ein.
Dennoch ist und bleibt sie eine Intellektuelle und eine Tochter aus gutem Haus. Ihre Bildung und ihr Elternhaus sind nicht auszuradieren. Vor allem aber ist es ihre Motivation zur Fabrikarbeit, die sie von den übrigen Arbeitenden unterscheidet.[53] Den Intellektuellen ist Simone Weil ein Dorn im Auge, die sie

---

[51] Dieser Aufruf stellte den Versuch von Simone Weil dar, die Arbeiter selber ihre Situation formulieren zu lassen. Er wurde jedoch von dem Herausgeber der Arbeiterzeitschrift „Entre nous", dem Ingenieur-Betriebsleiter, nicht abgedruckt.

[52] Ein weiteres Beispiel dieser unüberbrückbaren Distanz zwischen den „einfachen Leuten" und der Intellektuellen zeigt sich bei ihrer Arbeit auf dem Land in Corron de Gron. Eine Bauernfamilie, Eltern einer ihrer Schülerinnen, erklärte sich bereit, Simone für einige Zeit bei sich aufzunehmen, als Hilfe bei der Ernte. Im März 1936 traf sie dort ein, setzte sich der härtesten Arbeit aus. Die Reaktion der Familie auf ihre Arbeits- und Lebensweise ist unmissverständlich. So berichtet die Frau des Bauern, dass Simone Weil tatsächlich eine Scheidewand zwischen diesen einfachen Leuten und sich niedergerissen habe und sich völlig anglich. Jedoch eines blieb: Die ständige Reflexion über die Zustände dieser Welt, das politische Elend der Unterdrückten, das Simone Weil in endlosen Monologen thematisierte. Die Landleute waren erschöpft, Simone Weil wurde ihnen unerträglich. (Cabaud, S.135-137)

[53] So schreibt Heinz Abosch: „Argwöhnisch betrachtete sie die Herrschaftsallüren der Intellektuellen, die sich als Führungselite der Arbeiter gerierten. Diese in den *Reflexionen* formulierte Ansicht war in der Praxis gewonnen worden. Simone Weil überhöhte ihre These zu einer antiintellektualistischen Tendenz, mit der sich eine

besserwisserisch ablehnen müssen. Den Arbeitenden wiederum ist sie einerseits der Bewunderung wert, weil sie deren Leben teilt, und andererseits ist sie nicht ganz ernst zu nehmen, da sie selbst ihre Fabrikzeit als ein Experiment veranschlagt hatte. So ist die Bezeichnung, die sie sich selbst gibt, einer „in der Arbeiterklasse herumbummelnden Studienrätin" die beste Kennzeichnung für die Ironie des Schicksals. Gerade durch den Versuch der Teilnahme am Arbeiterleben, wird ihr ihre eigene privilegierte Herkunft umso mehr bewusst. Der Kontrast also schärft die Konturen - und dies lernt Simone Weil vor allem in der Fabrik.

Simone Weil hat wichtige Erkenntnisse aus ihrer Zeit in der Fabrik gezogen. Am Ende dieser Zeit in der Fabrik scheint ihr das revolutionäre Projekt der Kommunistischen Partei noch unwahrscheinlicher als je zuvor. Denn eine solche Revolution liegt nicht in der Intention der Arbeitenden. Es vollzieht sich in Simone Weils Denken also nicht nur eine inhaltliche Wende, sondern in erster Linie wird ein denkerisches Projekt von körperlichen Erfahrungen relativiert. Dies führt auch dazu, dass Simone Weil versteht, dass die menschliche Würde nicht einer Idee, sondern einer realen Wirklichkeit entspringt.

Nach ihrem Jahr in der Fabrik ist Simone Weil heimatloser als je zuvor. Es sind nicht nur ihre Erlebnisse, die sie anderen Intellektuellen voraushat, weil diese sich einem Ort wie der Fabrik entziehen. Es ist in erster Linie ein zeitweiliges Gefühl, selber zur Sklavin geworden zu sein, dessen Bewusstsein ihr gesamtes weiteres Leben prägen wird. Die Partei, das Syndikat, scheint für Simone Weil immer weniger einem solchen Ziel näher zu kommen. Eine Brücke von der intellektuellen Existenz zur Arbeiterexistenz zu schlagen scheint ihr viel weniger von seiten der bolschewistischen Führer als vielmehr von der Arbeiterseite her möglich. Zwischen beiden Seiten bleibt Simone Weil stehen. Die intellektuelle Durchdringung der Arbeiterfrage ist ihres Erachtens eher eine Sache des philosophischen Wertes der Arbeit als der politischen Führung. So ist Simone Weil eine Philosophin, die nicht nur in Büchern, sondern auch in den Fabrikhallen studiert hat und eine Fabrikarbeiterin, die sich nicht vor der harten Arbeit schont, um daraus ihren Erkenntnisschatz zu vergrößern.

Hinwendung zu den Unterschichten, den Entrechteten, paarte. Das Mißtrauen gegenüber den Intellektuellen war nicht zuletzt auch Haß gegen sich selbst - die hochkarätige Geistige." (Abosch, Heinz: Simone Weil zur Einführung, S.77)

1.2 Die verhungernde Tochter der Bourgeoisie: Frausein zwischen Körper und Geist

Kaum eine Tatsache ihrer Biografie hat die Rezipientinnen und Rezipienten von Simone Weils Schriften so in Widerspruch und Streitfragen geführt wie ihr Tod durch Hunger.[54] Da Simone Weil am Ende ihres Lebens an TBC erkrankt, bereits sehr geschwächt war, mutet ihre Weigerung, Nahrung zu sich zu nehmen, tatsächlich wie ein Selbstmord an. Und so lässt auch der Totenschein über diese Vermutung keinen Zweifel:

„Versagen des Herzens aufgrund myocardialer Degeneration infolge Unterernährung und Lungentuberkulose. Die Verstorbene tötete und ermordete sich selbst durch ihre Weigerung zu essen, während ihr seelisches Gleichgewicht gestört war."[55]

Ein solch tragisches Ende einer jungen, intelligenten, hochbegabten Frau bleibt unverständlich. Warum Simone Weil diese Form des Todes für sich herbeiführte, kann letztendlich nicht geklärt werden. Auch erhält die Situation im Londoner Middlesex-Spital zusätzlich einen fast grotesken Anstrich, weil Simone Weil die von vielen zeitgenössischen Verfolgten ersehnte Freiheit im Grunde genommen erreicht hatte. Sie war also in Sicherheit und brachte sich selbst bewusst in Lebensgefahr. Solidarität mit den in Frankreich Zurückgebliebenen wird einer der Gründe gewesen sein, warum Simone Weil in den letzten Wochen und Monaten keine Nahrung bzw. zuwenig Nahrung zu sich nehmen wollte. Denn zu dem sie behandelnden Arzt sagt sie:

„'Ich kann nicht essen, wenn ich an die Franzosen denke, die Hunger leiden'".[56]

Das Wissen um die leidende Bevölkerung in Frankreich hatte sie bereits in den USA innerlich in Aufruhr versetzt und rebellieren lassen.[57] Sie kann ihre

---

[54] Eine eingehende Studie zu diesem Thema findet sich bei Patterson, Barbara A.B.: Fasting women and anorexia nervosa; Patterson interpretiert Simone Weils Anorexie als eine spirituelle Transformation im Sinne einer Entleiblichung zum Geistlichen.
[55] Cabaud, S.384
[56] Cabaud, S.384
[57] Besonders im letzten Lebensjahr zeigt sich, wie sehr Simone Weil sich Frankreich verbunden fühlte. War vorher (vor allem in ihrer Auseinandersetzung mit der Kolonialpolitik Frankreichs) eine Kritik an nationalen oder nationalistischen Regungen innerhalb Frankreichs bei ihr zu verzeichnen, so wandelt sich dies später. Simone Weil vertrat im Grunde genommen eine *inter-nationale* Politik und machte stets auf die Gefahren des nationalen Gefühls aufmerksam. Ihre starke Solidarisierung mit ihren französischen Landsleuten in der letzten Zeit ihres Lebens spricht sowohl von einer starken Heimatverbundenheit als auch von einer gewissen Blindheit für die Leiden benachbarter Völker.

gesicherte Existenz als Emigrantin in den USA nicht akzeptieren und setzt all ihre Kräfte ein, um nach Europa zurückzukehren. In London arbeitet sie wie besessen, gönnt sich kaum Schlaf und Ruhe, gerät geradezu in einen Zustand einer gewissen Verwahrlosung und wird schließlich infolge Überarbeitung ohnmächtig in ihrem Zimmer aufgefunden. Die folgende Untersuchung im Hospital ergibt dann die Diagnose der TBC, von der sich Simone nicht mehr erholen wird. Der Hunger spielt gerade in ihrer letzten Lebensphase eine existentielle Rolle. Doch ihr Tod, der als eine Askese zum Martyrium anmutet[58], trägt einen Bezug zu ihrem gesamten Leben. Hunger ist für Simone Weil ein ständiger Lebensbegleiter, und dies nicht erst im Erwachsenenalter.

Von den Erklärungen, die über Simone Weils gestörtes Essverhalten spekulieren, geht eine auf die psychologische Deutung zurück: Anorexie. Magersucht gründet oft in einem gestörten Verhältnis zur eigenen Mutter. Die Beziehung von Simone zu ihrer Mutter ist von einer großen Herzlichkeit geprägt - zumindest offensichtlich. Dahinter aber verbirgt sich eine äußerst problematische und enge Bindung, die Simone Weil erst in ihren letzten Lebenswochen löst. Der Grund für Magersucht ist aus psychologischer Sicht oft eine zu intime Mutterbindung, in der die Tochter nicht zu ihrem Frausein finden kann und deswegen ihren eigenen Körper ablehnt. Ein Phänomen, das durchaus auf Simone Weil zutrifft. Die kleine Simone wird im Alter von sechs Monaten von ihrer am Blinddarm operierten Mutter weiterhin gestillt. Scheinbar tut ihr diese Ernährung nicht gut, denn sie bezeichnet sich selbst aufgrund dieser Tatsache als eine „Verkrachte Existenz"[59]. Wenig später nur erkrankt das kleine Mädchen selber am Blinddarm und verweigert die Nahrung. Weiterhin entwickelt Simone im Laufe ihrer Jugend ein Essverhalten, das geprägt ist von Reinheit.[60] Die Speisen,

---

[57] An ihren Bruder schrieb sie aus London: „'Tag um Tag quälen mich die grausamsten Gewissensbisse. Ich werfe mir die Schwäche vor, auf deinen Rat hin Frankreich vor einem Jahr verlassen zu haben.'" (Cabaud, S.356) Jeglicher Patriotismus als Ideologie ist ihr fern. Eine Verbundenheit aber mit den Menschen in Frankreich ist um so deutlicher zu spüren.

[58] Nach Simone Pétrement hat Simone Weil ein Gelübde abgelegt, den Franzosen zuliebe keine Nahrung mehr zu sich zu nehmen. Bereits vor ihrer Abfahrt nach Amerika in Marseille, so berichtet Pétrement, fragte sich Simone Weil, ob sie nicht leben könne ohne zu essen. Im Londoner Hospital schließlich besteht sie darauf, nicht mehr essen zu wollen als in Marseille und dieser Entschluss war für ihren geschwächten Körper das Todesurteil. (SP II, S.503)

[59] SP I, S.21

[60] Dies könnte übrigens auch einer der wenigen Bezugspunkte zum Judentum sein. Die Großmutter von Simone achtete bei ihren Besuchen in der Familie ihrer Tochter Salomea streng darauf, dass die jüdischen Speisevorschriften eingehalten wurden. Eine Maßregel, an die sich Simones Mutter scheinbar nur hielt, wenn ihre eigene Mutter im Hause war. Auch hier also ist die Verbindung von Mutter-Tochter mit einer Einschränkung der Eßgewohnheiten verbunden.

die sie zu sich nimmt, sollen unberührt und wenn möglich in rohem Zustand sein.[61] Reinheit ist ebenfalls ein Thema, das in direktem Bezug zur Anorexie steht. Simone scheut jegliche Art von Berührung. Eine kleine Episode aus ihrer Kindheit berichtet von einer Begegnung mit einem bekannten Arzt der Familie Weil, der Simones Hand ergreifen will. Sie aber beginnt sofort zu weinen und schreit:

„'De l'eau! De l'eau!'"[62]

Simone Pétrement führt dieses Verhalten zurück auf die Erfahrungen des Kindes in einer Arztfamilie. Und in der Tat könnte Simone durch die Erzählungen von Krankheiten und Krankheitserreger ihre übersensible Angst vor „unreinen" Gegenständen oder Berührungen erworben haben.

Diese kleine Episode führt zu einem dritten Punkt der Begründung ihres gestörten Verhältnisses zur Nahrung. Simone Weil besitzt zeitlebens ein gespaltenes Verhältnis zu ihrem Körper. Es ist nicht nur die Scheu vor Berührung, die sie selber als „'dégoûtation'"[63] bezeichnet, sondern auch ihr gespaltenes Verhältnis zu sich als Frau. Als Schwester eines Bruders, dessen außerordentliche mathematische Begabung sich sehr früh zeigt, erfährt Simone eine Erziehung, die ganz nach dem Maßstab des Erstgeborenen ausgerichtet ist. Die Mutter ist ernsthaft bemüht, ihrer Tochter einen möglichst knabenhaften Körperausdruck zu vermitteln. Ein maskuliner Charakterzug scheint ihr für Simone passender als der feminine. An eine befreundete Familie schreibt Mme Weil, dass sie sich alle Mühe gebe, Simone nicht

„'les grâces de la fillette, mais la droiture du garçon'"

beizubringen.[64] Simone wird von ihren Eltern des öfteren mit dem männlichen Vornamen „Simon" oder „unser Sohn Nummer zwei" betitelt. Dies führt dazu, dass Simone Weil später selbst ihre Briefe an ihre Mutter unterzeichnet mit: "'ton fils respectueux'"[65]. Diese Bezeichnungen, durchaus als „Liebkosungen" intendiert, erklären das Erscheinungsbild von Simone Weil auf Fotografien, das sie eher maskulin zeigt. Simone spürt sehr bald, dass sie als Frau in der elterlichen Familie nicht vorkommt. Sie ist sich bewusst, dass ihr Frausein für ihr ge-

---

[61] SP I, S.26
[62] Simone Pétrement berichtet an gleicher Stelle auch von einem Streich, den Simone und ihr Bruder ihren Eltern spielten: „Un jour, ils allèrent tous deux, se tenant par la main, sonner aux portes d'un certain nombre de villas. A ceux qui leur ouvraient, ils disaient: 'Nous mourons de faim; nos parents nous laissent mourir de faim.' Les gens s'exclamaient: 'Pauvres enfants!' et se hâtaient de leur apporter gâteaux et bonbons." (SP I; S.27) Angesichts des späteren Hungertodes von Simone Weil hinterlässt diese Geschichte einen eher makabren Geschmack.
[63] SP I, S.27
[64] SP I, S.67
[65] SP I, S.66

samtes Leben eine Benachteiligung, eine „malchance" ist.[66] Dennoch ist ihre Rebellion gegen diese Benachteiligung nicht offen, sondern gleicht eher einer Akzeptanz, das eigene Geschlecht als weniger wert zu beurteilen und damit letztlich in seinem Eigenwert zu ignorieren. Ein Protest gegen diese Verneinung des eigenen Körpers und Geschlechts findet sich bei Simone Weil in keinster Weise. Die Frauenfrage wirft eine Problemstellung auf, die sie nicht interessiert. Die geradezu als Verleugnung ihres Geschlechts zu benennende Erziehung ihrer Mutter sowie der Vergleich mit dem genialen Bruder führen zu Konsequenzen: Simone wird nie ein ausgeprägtes Verhältnis zu sich als Frau finden und ihre körperlichen Grenzen stets maßlos überschreiten.[67] In ihrem Geschlecht als Frau bleibt sie eine Fremde. Ihr Auftreten an der École Normale Superieure als Frau in Männerkleidern mag auf damalige Studierende wie eine Provokation gegen gesellschaftliche Normen gewirkt haben. Auf dem Hintergrund ihrer frauenverneinenden Erziehung ist es eher ein transvestiter Versuch, ein Mann zu sein, um damit vielleicht die Liebe der Eltern zu erringen. Ihre stoische Ablehnung jeglicher, speziell körperlicher Schwäche und Bedürftigkeit führt sie dazu, ihrem schmalen kleinen Körper erstaunliche Leistungen abzuringen. So betreibt sie mit Begeisterung Rugby-Sport oder arbeitet später unter härtesten Bedingungen sowohl in der Fabrik wie in der Landwirtschaft. Während ihrer Schreib- und Lehrtätigkeit unterwirft sie sich bewusst einem ständigen Schlafentzug.

Simone Weil versucht ihre körperlichen Grenzen zu ignorieren. So bleibt am Ende ein Frauenbild von ihr, das eine ambivalente Wirkung zeigt. Simone Weil rebelliert gegen die Abwertung ihres Frauenkörpers und ihrer Identität als Frau - allerdings auf ihre eigene Weise. Ihre Provokation gegen das zeitgenössische bürgerliche Bild einer Mutter und Ehefrau vollzieht sich einerseits in einer bewussten Ablehnung dieser Rolle für sich selbst. Andererseits aber ist diese Ablehnung nicht aus einem Frauenbewusstsein entstanden, das emanzipatorische Züge trägt, sondern eher aus einem Minderwertigkeitsgefühl dem eigenen Frausein gegenüber. Simone Weil ignoriert ihr Frausein und hebt es gerade dadurch auf besondere Weise hervor.

Motivationen für den von ihr leidenschaftlich gelebten Hunger können die medizinischen und teilweise jüdischen Reinheitsvorschriften im Hause Weil sein sowie Simones problematisches Verhältnis zu ihrer Mutter. Gerade letzteres

---

[66] „En regard des projets, qu'elle formait déjà, en regard de l'idée qu'elle se faisait de sa vie, c'était, comme elle l'a dit elle-même plus tard, une singulière malchance d'être une femme." (SP I, S.66)

[67] Damit ist nicht gemeint, dass auch dies eine Form ist, den eigenen Körper wahrzunehmen. Gerade die körperliche Grenzüberschreitung ist ein Merkmal, sich in ausgeprägtem Maß zu seinem eigenen Körper zu verhalten und kann nicht nur als Missachtung interpretiert werden. Der Schritt zu einem *bewussten* Körpergefühl scheint jedoch bei Simone Weil nicht vorhanden. Ihr Weg führt über die philosophische Reflexion zur Bedeutung des Materiell-Köperlichen als Notwendigkeit des Lebens.

scheint tatsächlich in ganz nahem Zusammenhang mit dem Hunger zu stehen. In ihrer Zeit in Le Puy erhält sie mehrfach Besuch von ihrer Mutter, die entsetzt ist über die asketische Lebensweise ihrer Tochter. Die Mutter ist überzeugt, dass Simone sich durch ihr arbeitsintensives und schlafraubendes Engagement umbringen wird. Besorgt schickt Mme Weil immer wieder Lebensmittelpakete nach Le Puy oder unternimmt Reisen dort hin, um ihre Tochter zu versorgen. Sie ist sehr erleichtert, als Simone Weil mit einer anderen Lehrerin, Simone Authériou, zusammenzieht. Dieser nimmt die Mutter das Versprechen ab, stets für eine genügende Lebensmittelversorgung der beiden zuständig zu sein. In diesem Zusammenhang steht die Auffassung von Simone Weil, in der sie bekräftigt, Essen bedeute für sie mehr Anstrengung als Vergnügen.[68] Es ist nicht von der Hand zu weisen, dass Simone Weil in ihrem Verhältnis zur Nahrung eine gewisse Verweigerung gegenüber ihrer Mutter demonstriert. So schreibt Simone Weil ihrer Mutter zwar liebevolle Briefe, begleitet die Eltern auf Reisen, folgt der Bitte der Mutter, mit in die USA zu emigrieren. Dennoch führt diese enge Verbindung mit dem elterlichen Haus nicht dazu, dass Simone ein adäquates Verhältnis zu sich als erwachsener Frau sowie zu ihrem Körper entwickelt. Ganz im Gegenteil: Die umsorgende Bindung an die Mutter scheint einer „Übersättigung" zu gleichen, der sie sich auf ihre Art und Weise entzieht. Gerade die letzten Briefe aus London an ihre Eltern, in denen sie nichts von ihrer lebensgefährlichen Erkrankung verrät, machen deutlich, dass Simone Weil sich hier endgültig von ihrer Mutter lösen will und damit von einem Lebensentwurf, der den eigenen Körper nicht als Notwendigkeit des Lebens akzeptiert. Das Verlassen der Eltern und die liebevollen Briefe aus dem Hospital im Angesicht des Todes sind beides Ausdruck dafür, dass Simone Weil sich nur ernähren kann von dem, was in ihren Augen wirklich ist. Dies ist zunächst die Not der französischen Bevölkerung im besetzten Frankreich und der Hunger dieser Menschen nach Brot.

Wesentlich aber ist und bleibt das, was Simone Weil selbst über den Hunger aussagt. Der Hunger ist für sie, so paradox es klingt, Ausdruck des *wirklichen* Lebens. Denn der Hunger ist etwas, was unausweichlich und unabänderlich ist. Ihm zu begegnen und ihn nicht vorschnell abzusättigen, heißt für Simone Weil, der Notwendigkeit als der Wirklichkeit Raum zu geben.[69]

Daneben finden sich einige Zeugnisse von Zeitgenossinnen und Zeitgenossen, die über die Psyche hinaus einen eher philosophisch-politischen Aspekt des Hungers belegen. Ihre Studienkollegin Simone de Beauvoir berichtet von ihrer

---

[68] SP I, S.191
[69] Diesen philosophischen Zusammenhang kann ich hier nur andeuten. Er findet in meiner Arbeit an mehreren Stellen eine ausführlichere Erläuterung.

Begegnung mit Simone Weil. Bei einer Auseinandersetzung der beiden Studentinnen erklärt Simone de Beauvoir ihre Überzeugung, dass es von futuristischer Bedeutung sei, den Menschen für ihre Existenz einen Sinn zu geben. Simone Weil entgegnet dagegen energisch, eine Revolution sei nur dann sinnvoll, wenn alle Menschen zu essen hätten. Am Ende dieses Streits schließlich wirft Simone Weils ihrer Kontrahentin an den Kopf:

„Man sieht, daß Sie noch niemals Hunger gelitten haben".[70]

Diese Aussage bringt ein großes Anliegen des Hungers von Simone Weil an den Tag. Es geht ihr darum, nicht die Tochter aus gutem Haus zu bleiben, die sie von Geburt an ist. Den Hunger der Menschen als eine Suche nach Sinn zu begreifen, bedeutet für sie eine dekadente Haltung einzunehmen. Denn Hunger heißt, Hunger nach Brot, nach realer Nahrung zu haben. Hier ist wieder die Berührung mit den ganz realen Gegebenheiten des Lebens Thema. Einen existenzialistischen Ansatz, wie ihn Simone de Beauvoir vertritt, lehnt Simone Weil ab, weil er die Wirklichkeit nicht ernst nimmt, sondern den eigenen ideologischen Standpunkt zum Maßstab erklärt. Der eigene Hunger ist für Simone Weil ein Zugangsweg, sich politisch mit Hungernden dieser Welt zu solidarisieren und sich für eine Verbesserung der konkreten Lebensbedingungen einzusetzen. Diese politische Notwendigkeit aber setzt sich für sie philosophisch im Gedanken der Wirklichkeit um. Das, was notwendig ist, ist real und wahr.[71] Insofern trägt der Hunger bei Simone Weil auf einer Ebene sicherlich krankhafte Züge, die aus ihrer Biografie herrühren. Auf einer anderen Ebene führt er sie zu dem Projekt, das sie leidenschaftlich anstrebt: Die Wahrheitssuche. Das, woran der Mensch zugrunde geht, nämlich der Mangel an Nahrung, ist eine greifbare, unentrinnbare Wirklichkeit.[72]

Der Hunger also macht zweierlei deutlich:

---

[70] Beauvoir, Simone de: Memoiren einer Tochter aus gutem Hause, S.229

[71] Und nicht umgekehrt: Das, was wahr ist, ist notwendig. Die Auseinandersetzung mit Simone de Beauvoir macht diesen Unterschied deutlich. Es geht Simone Weil nicht darum, den Hungernden eine Wahrheit zu verkünden, die deren Hunger sinnvoll machen würde. Ihr Anliegen ist es, den Hunger ernstzunehmen, um Wirkliches als wahr zu erkennen.

[72] Eine philosophische Sichtweise oder Begründung des Hungers bis zum Tod bedeutet nicht, die Gefahr und Brisanz dieses Themas zu relativieren. Es geht nur darum, verschiedene Sichtweisen und Möglichkeiten dieses Hungers aufzuspüren, die auch der Vielschichtigkeit ihrer Persönlichkeit entsprechen. Vgl. hierzu: Bauerfeld, Karl-Heinz: Simone Weil und das Problem der Magersucht; in: Abbt,Imelda/ Müller, Wolfgang W. (Hrsg.):Simone Weil. Ein Leben gibt zu denken; S.171-180; Wicki, Maja: „Handlungen, die wie Hebel hin zu mehr Wirklichkeit sind. Wie funktioniert das?" oder Warum hungerte Simone Weil zu Tode; in: Abbt,Imelda/ Müller, Wolfgang W. (Hrsg.):Simone Weil. Ein Leben gibt zu denken; S.151-169;

- Eine übersättigte Gesellschaftsschicht kann keinen Zugang zu dem haben, was Hunger und Elend aus Menschen macht. Insofern ist jegliche Philosophie und Politik, die sich nicht an diesen Notwendigkeiten des Lebens orientiert, unglaubwürdig.
- Der Hunger steht für das notwendige Bedürfnis des Menschen nach Nahrung. Er ist als solcher Ausdruck des Körperlichen und damit auch des Geschlechtlichen. Wer den Hunger vergeistigt, lebt ohne Körper und ohne Geschlecht.

Beide Punkte treffen sich in der Problematisierung einer rein geistigen Welt. Indem Simone Weil den Hunger wählt, deckt sie die Dichotomie von Geist und Körper im privaten wie im politischen Bereich auf. Sich als Frau mit Körper zu sehen, scheint für Simone Weil kein Thema zu sein. Im Hunger aber thematisiert sie, vielleicht ohne es zu wollen, gerade diesen Körper. Sie thematisiert ihn als einen, der zum Verschwinden gebracht werden muss, weil gerade an und in ihm das Frausein sichtbar ist. Der Hunger also spielt bei Simone Weil dieselbe Rolle wie die Arbeit in der Fabrik: Das Unausweichliche tritt durch den Widerspruch hervor - ein Kriterium für Wirkliches.

Simone Weil ist eine Tochter der bourgeoisen Gesellschaft, die ihren Status selber zunichte macht. Sie ist eine Frau, die sich ihrem Körper verweigert und ihn zugrunde richtet. Und dennoch ist gerade das, was sie vernichten will, umso mehr Kennzeichen ihrer Identität als politisch agierende Intellektuelle und als Frau mit Körper.

1.3 Die ungetaufte Katholikin: Auf der Schwelle zur Kirche

Die Auseinandersetzung mit ihrem Judentum kommt für Simone Weil erst richtig zum Tragen, als sie sich explizit mit der Frage der Taufe zur katholischen Kirche beschäftigt. Schließlich gibt sie ihre jüdische Herkunft als Taufhindernis an, ein Hinweis auf ihre Verbundenheit zum Judentum.
Auf die Idee der Taufe scheint sie in den Gesprächen mit P.Perrin gekommen zu sein. Ihre Briefe, die sie ihm kurz vor ihrer Emigration schreibt, zeugen von einer Apologie ihres Standpunktes, außerhalb der Kirche zu bleiben. P.Perrin ist der Überzeugung, ihr Platz sei in der Kirche. Doch Simone Weil beteuert mit allen ihr zur Verfügung stehenden Argumenten:

„Die Hindernisse intellektueller Natur, die mich bis in die jüngstvergangene Zeit an der Schwelle der Kirche zurückgehalten hatten" noch nicht als beseitigt zu gelten hätten.[73]

---

[73] ZG, S.93

Die Überlieferung ihrer Gründe für die Nicht-Taufe lässt sich in zwei Teile gliedern: Die Briefe an P.Perrin und den sogenannten „Brief an einen Ordensmann". Letzterer stammt aus der Zeit in den USA. Simone Weil war im April 1942 mit ihren Eltern von Casablanca aus nach New York emigriert. Dort lernt sie durch Vermittlung von Jacques Maritain den Dominikanerpater Marie-Alain Couturier kennen. Bei ihrer Abreise, am 10. November desselben Jahres nach London schickte sie P.Couturier den erwähnten umfangreichen Brief, der in differenziert die Gründe gegen einen Eintritt in die katholische Kirche aufzählt.[74]
Aus den 35 Thesen[75], die Simone Weil in diesem Brief aufstellt, lassen sich einige Grundthemen herausarbeiten:

- Es gibt in anderen, vorchristlichen oder außerchristlichen Religionen eine Offenbarung der wesentlichen Wahrheit: Gott ist gut. Was die katholische Religion explizit enthält, beinhalten andere Religionen implizit.
- Der Missionsgedanke des Katholizismus ist ein Verbrechen an anderen Völkern.
- Der Glaube als mystischer Glaube an den Sohn Gottes entdeckt hinter dem Schleier der Kirche als Institution die universelle Wahrheit. Dies ist auch von der Kirche als Häretiker verurteilten Gläubigen möglich, wie das Beispiel der Katharer zeigt. Ein *anathema sit* ist deshalb ein Vergehen an der Wahrheit.
- Die Kirche hat sich in ihrem Totalanspruch dem römischen Kaiserreich angeglichen.

Wenn diese Argumentationsthesen auch zunächst willkürlich und pauschal erscheinen, so zeigt sich dahinter dennoch ein Grundtenor, den Simone Weil für außerordentlich wichtig hält: Die Wahrheit ist nicht an die katholische Kirche gebunden.[76] All ihre Ausführungen zur Ablehnung der katholischen Kirche lau-

---

[74] P.Couturier hat nach dem Tod Simone Weils das Manuskript ihrem Bruder André zur Verfügung gestellt. Dieser sprach sich gegen eine Veröffentlichung aus, da er fürchtete, das Dokument könne Verwirrung stiften angesichts seiner sehr summarischen und fragmentarischen Darstellung des Christentums. (S. Friedhelm Kemp im Nachwort zu „Weil, Simone: Entscheidung zur Distanz, München 1988, S.72) 1951 erscheint der Brief an Couturier (den er übrigens unbeantwortet ließ) unter dem Titel „Lettre à un religieux".

[75] Die deutsche Übersetzung des „Lettre à un religieux" weicht in der Auslassung der 16.These vom französischen Original ab.

[76] Das Vatikanum II hat sich später mit diesem Thema ausführlich beschäftigt. Es schlägt einen Weg der Öffnung gegenüber anderen Religionen ein, wenn es sagt:
„Die katholische Kirche lehnt nichts von alledem ab, was in diesen Religionen wahr und heilig ist. Mit aufrichtigem Ernst betrachtet sie jene Handlungs- und Lebensweisen, jene Vorschriften und Lehren, die zwar in manchem von dem abweichen, was sie selber

fen auf diesen einen Zielgedanken hinaus. Simone Weil behauptet dies sowohl für das Verhältnis der Kirche zu den anderen Glaubensgemeinschaften, als auch für das Verhältnis der Kirche zu sich selbst. Sie führt die praktizierte Kontemplation von Indien, Griechenland und China an, um zu behaupten:

„Tatsächlich herrscht in fast allen religiösen Überlieferungen zwischen den Mystikern eine fast völlige Übereinstimmung. In der Mystik jeder Religion kommt ihre Wahrheit zum Ausdruck."[77]

Dieser Wahrheitsgehalt jeder Religion lässt auch eine Korrespondenz zwischen ihnen zu. So gibt es eine Verwandtschaft zwischen Platon, den indischen Upanishaden und Johannes vom Kreuz, zwischen Taoismus und der christlichen Mystik.[78] Die Annahme dieser Verbindungslinien führt Simone Weil dazu, auch von einer vorchristlichen Inkarnation des Logos in Melchisedek, Osiris, Prometheus und Krischna zu sprechen.[79]

Ihres Erachtens ist es notwendig, diese vorchristlichen Inkarnationen wahrzunehmen und anzuerkennen, weil durch diese Sichtweise auch heute eine Inkarnation des Christlichen möglich wird. Die unterschiedlichen religiösen Überlieferungen aus Ägypten, Indien, Griechenland, China etc. sind Reflexe der einen Wahrheit, die zu einer Vielfalt religiöser Berufungen führen.[80] Der Bezug auf die Wahrheit der verschiedenen Religionen macht Simone Weils Ablehnung des Missionsgedanken verständlich. Sie meint, dass die Mission unnötig sei, da der religiöse Geist ohnehin schon in allen Ländern präsent sei. Dabei macht sie der Kirche den Vorwurf, diese sei an der Entwurzelung der Menschen in Europa und anderen Kontinenten schuld, weil sie andere Völker nicht etwa christiani-

---

für wahr hält und lehrt, doch nicht selten einen Strahl jener Wahrheit erkennen lassen, die alle Menschen erleuchtet." (NA, 2)

[77] Entscheidung, S.38, Lettre, S.53
[78] Entscheidung, S.38/39
[79] Lettre, S.22
[80] So tolerant sich Simone Weil in ihrer Argumentation gegenüber nicht-christlichen Religionen zeigt, so seltsam ist auch hier wiederum ihre antijüdische Beurteilung. Ihr Beweis, dass die Nächstenliebe schon vor Israel im alten Ägypten gepflegt wurde, lässt sie zu dem Schluss finden, Israel habe seine Offenbarung von anderen Völkern übernommen und sie dann als die seine deklariert: „Sämtliche Texte aus der Zeit vor der Verbannung Israels tragen, glaube ich, den Makel dieses grundsätzlichen Irrtums über Gott - mit Ausnahme des Buches Hiob, dessen Held kein Jude ist, des Hohen Liedes (aber stammt das aus der Zeit vor der Verbannung?) und gewisser Psalmen Davids (aber ist die Zuschreibung sicher?). Andererseits ist die erste vollkommen reine Gestalt, die in der jüdischen Geschichte erscheint, Daniel (ein Eingeweihter in die Weisheit der Chaldäer). Das Leben aller übrigen, von Abraham an, ist von Greueln besudelt. (Abraham beginnt damit, daß er sein Weib prostituiert.)
Das legt die Vermutung nahe, daß Israel die allerwesentlichste Wahrheit hinsichtlich Gottes (die nämlich, daß Gott gut ist, bevor er mächtig ist) fremden Überlieferungen, der Chaldäer, Perser oder Griechen, und der Gunst der Verbannung verdankt." (Entscheidung, S.11)

siert, sondern ihnen das christliche Gedankengut auferlegt habe. In diesem Sinn ist die Taufe der Missionare ein Akt der Gewalt und der Unterwerfung, weil sie den Glauben und die religiöse Kultur anderer Völker vernichtet.

Der Glaube an die Wunder Jesu ist für Simone Weil kein Beweis für den christlichen Gott. Ein Wunder ist für sie vielmehr die Schönheit der Passionserzählung sowie die Tatsache, dass Gott die Sonne scheinen lässt über Gute und Böse (Lk 5, 45.48).

Die Kirche ist ihres Erachtens nicht unfehlbar. Die kirchliche Affinität mit dem römischen Reich hat sie zu einem imperialistischen System verkommen lassen, das dem Hitlers ähnlich ist. „Extra ecclesiam nulla salus" - dieser Satz verrate, dass die Kirche kein Verständnis für die Notwendigkeit außerkirchlicher Glaubenselemente habe. Wenn es aber ein Heil außerhalb der Kirche gebe, dann gebe es auch die Möglichkeit

> „der individuellen oder kollektiven Offenbarung außerhalb des Christentums."[81]

Alles in allem kommt Simone Weil zu dem Schluss, dass, solange die Kirche den Wahrheitsgehalt außerhalb ihrer selbst nicht anerkenne, sie auch ihre eigene Wahrheit nicht begreife:

> „Die Kirche ist nur in einer einzigen Hinsicht rein: als Bewahrerin der Sakramente. Nicht die Kirche ist vollkommen, sondern Christi Leib und Blut auf dem Altar."[82]

Es kommt Simone Weil darauf an, ihre Nicht-Taufe zu begründen. Sie tut dies, indem sie ihre Sympathie und Solidarität mit denen bekundet, die ebenfalls eine religiöse Wahrheit aussprechen. Hindus wie Christen oder Atheisten haben ein Wissen von der religiösen Wahrheit, wenn sie Nächstenliebe praktizieren oder das Unglück hinnehmen.

> „Sie sind neu geboren worden aus Wasser und Geist, auch wenn sie niemals getauft wurden; sie haben das Brot des Lebens gegessen, auch wenn sie niemals kommuniziert haben."[83]

Die Taufe ist denen bereits verliehen, die die Unglücklichen nach ihrem Unglück fragen und sich selber zwar nicht zum Christentum bekennen, dieses aber implizit leben.

---

[81] Entscheidung, S.38
[82] Entscheidung, S.37
[83] Entscheidung, S.29
„Un peu plus tard son frère lui dit: 'Tu as autant de raisons de te faire bouddhiste, taoïste, etc. que catholique. - Mais oui, répondit-elle, c'est exactement cela.'" (Lettre, S.9, zitiert von Jean-Pie Lapierre) Dennoch beschäftigt sie die Taufe der katholischen Kirche mehr als alle anderen religiösen Themen.

In der anderen Quelle der Begründung gegen die Taufe, den Briefen an P.Perrin, argumentiert Simone Weil in einer eher biografisch-persönlichen Weise. Mit P.Perrin verband sie eine Freundschaft, P.Couturier traf sie nur sehr selten und ihre Gespräche waren zwar offen aber weniger lebendig.[84] Immer wieder beteuert sie in ihren Briefen, dass es ihr schwer falle, P.Perrin durch ihren Nicht-Eintritt Kummer zu bereiten, dennoch kann sie nicht anders handeln. Der ihr wichtigste Grund dafür scheint zu sein, dass sie nicht der Meinung ist, Gott wolle sie in der Kirche haben:

> „(...) so habe ich doch nie auch nur ein einziges Mal ein Gefühl der Ungewißheit gehabt. Ich glaube, daß man nunmehr daraus schließen darf, daß Gott mich nicht in der Kirche will. Bedauern Sie also nichts."[85]

Dem Willen Gottes ist auch ihr erster Brief an P.Perrin gewidmet. Sie unterscheidet drei Bereiche des menschlichen Willens, von denen der erste die Tatbestände des Universums betrifft. Hier hat der Mensch keinerlei willentlichen Einfluss, weil dies der Wirkungskreis Gottes ist. Der zweite Bereich betrifft alle Dinge, die der Mensch als Pflicht erfüllen soll. Dieser in sich begrenzte Bereich untersteht dem menschlichen Willen, der Mensch muss hier seine Begrenztheit als Annahme der eigenen Existenz befolgen. Der dritte Bereich betrifft schließlich das Erleiden eines Zwangs von Gott, dem der Mensch nichts entgegensetzen kann. Die Liebe und Aufmerksamkeit, die ein Mensch für Gott aufbringt, entspricht dabei proportional der Stärke des Zwangs, den Gott ausübt.

In bezug auf die Sakramente nun können diese Bereiche des Willens angewandt werden. Es gibt die Möglichkeit, sie als reine Gebärden und Zeremonien zu betrachten, die wie eine Pflicht oder Regel befolgt werden. Im Grunde genommen aber sind die Sakramente eine Berührung mit Gott, der die Seele unter Zwang an sich bindet. Doch die Unterscheidung dieser beiden Sakramentenerfahrungen sind nur für jemanden möglich, der sich auf einer gewissen geistlichen Stufe befindet. Sie ähneln einander wie ein falscher dem echten Diamanten. In ihrer Verwechslung tritt ein Grundproblem auf, das Simone Weil mit dem sozialen und religiösen Gefühl benennt. Das religiöse Gefühl wird oft mit dem sozialen verwechselt. Dabei ist mit „sozial" die Zugehörigkeit zu einer Gruppe gemeint. Im Klartext: Wer einer religiösen Gemeinschaft, z.B. der Kirche angehört, meint durch das soziale Gefühl der Zugehörigkeit bereits, religiös zu sein. Religiös sein aber bedeutet etwas anderes und hat etwas mit der wirklichen Teilhabe an

---

[84] Lettre, S.7
Im Brief vom 16.April 1942 schreibt Simone Weil: „Bin ich erst abgefahren, so scheint es mir wenig wahrscheinlich, daß die Umstände mir eines Tages erlauben werden, Sie wiederzusehen. Und was die möglichen Begegnungen in einem anderen Leben angeht, so wissen Sie, daß es mir die Dinge nicht derart vorstelle. Doch ist das nicht von Belang. Meiner Freundschaft für Sie genügt es, daß Sie existieren." (ZG, S.99)
[85] ZG, S.112

den Sakramenten zu tun.[86] Sie selber glaubt unterhalb dieser geistlichen Stufe zu stehen, wie übrigens auch diejenigen, die in ihrer Verwechslung von Religiosität und Sozialität im eigentlichen Sinn nicht der Kirche angehören. Simone Weil glaubt, sich solidarisieren zu müssen mit den Menschen, die außerhalb der Kirche leben. So vieles ist ihr kostbar, was sie nicht missen möchte, was aber nicht zum katholischen Glaubensgut gehört.

„Ich kann nicht umhin, mich auch weiterhin zu fragen, ob es in diesen Zeiten, in denen ein so großer Teil der Menschheit im Materialismus versunken ist, nicht Gottes Wille ist, daß es einige Männer und Frauen gibt, die sich ihm und Christus ganz zu eigen gegeben haben und die dennoch außerhalb der Kirche stehen."[87]

Der Nicht-Unterschied zu den „Ungläubigen" ist ihr wichtiger als die Zugehörigkeit zu den Gläubigen. Dies ist deswegen so, weil Simone Weil die Liebe zu „Ungläubigen" eher dem Bereich des Wirklichen zuordnet als eine scheinbare Nächstenliebe zu denen, die innerhalb des Glaubens sind. In ihrem ersten Brief an P.Perrin betont sie, dass sie die katholische Kirche liebe mit ihrer Liturgie, ihren Gesängen und ihrer Kunst - aber dass sie keinerlei Liebe zur Kirche als solcher hege.[88] Sie zieht es vor, anonym zu bleiben und Gott die ganze Angelegenheit zu überlassen.

Im dritten Brief vom 16.April 1942 schildert Simone Weil ihren geistlichen Werdegang. Sie berichtet davon, im christlichen Geist geboren zu sein, „an jenem Schnittpunkt des Christentums, mit allem, was es nicht ist."[89] Sie schildert ihre religiösen Erfahrungen, die sie auf Reisen in Portugal, Assisi und Solesmes machte, erzählt von ihrer Art und Weise zu beten und zu meditieren, von ihren persönlichen Christusbegegnungen. Angesichts ihrer Überzeugung, schon im Christentum geboren zu sein stellt sich ihr die Frage, warum sie überhaupt in diese Religion eintreten solle. Sie spürt in sich die Berufung zum Nicht-Eintritt, will auf der Schwelle bleiben, auf ihr ausharren. Und so wie sie auch zu Gott gelangt ist, ohne ihn direkt zu suchen, so glaubt sie auch, dass er ihr seinen Willen offenbaren wird, wenn er sie innerhalb der Kirche will.

Der Absolutheitsanspruch der Kirche im *anathema sit*, die Verführung des Gefühls im Kollektiv und die Sprache der Kirche, die keine mystische ist, veranlassen sie, sich der Kirche de facto nicht zuzuordnen. Das Christentum ist ihres Erachtens *de jure* und nicht *de facto* katholisch. Mit *de jure* meint Simone Weil

---

[86] Den Begriff „religiös" im Sinne Simone Weils zu klären, ist Bestandteil dieser Arbeit.
[87] ZG, S.89
[88] ZG, S.90/91
[89] ZG, S.113

das Wahre des Christentums, das auch die Kirche verkörpert, aber nicht sie allein. Denn Katholizität ist hier im übersetzten Sinn die allumfassende Wahrheit, in der andere Religionen, Kulturen, Völker, vorchristliche und von der Kirche als häretisch verurteilte Glaubensrichtungen mit beinhaltet sind.[90] *De facto* heißt für sie, sich an die konkret-geschichtliche Kirche zu binden, was wiederum dem Zwang zum Kollektiv einer vermeintlich irdischen Heimat gleichkäme. Die Sprache dieser vaterländischen Kirche wird jedoch immer eine dogmatische und keine der Mystik sein.

In ihrem fünften und letzten Brief aus Casablanca vom 26.Mai 1942 schließlich spricht Simone Weil von ihrer Weise, katholisch zu sein. Sie lässt noch einmal deutlich werden, dass die Kirche für sie keine Heimat sein kann, solange katholisch zu sein nicht die Bindung an das ganze Universum meint:

„Man muß katholisch sein, das heißt durch keinen Faden an irgend etwas Erschaffenes gebunden sein, außer an die Gesamtheit der Schöpfung."[91]

Allein diese Bindung an das Universum macht eine Nächstenliebe möglich, die nicht auf eigene Ziele und Vorstellungen gerichtet ist. Außer der Freundschaft ist für Simone Weil nur die „völlig anonyme und eben deshalb völlig universale Liebe"[92] möglich und lebbar. Zu dieser Liebe aber kann die Kirche niemanden verpflichten, noch kann sie daran binden oder entbinden.

Simone Weil bleibt trotz ihrer Nähe zur Kirche auf der Schwelle stehen, sie tritt nicht ein, lässt sich nicht taufen.[93] Dazu schreibt sie selber:

---

[90] Vgl. Schlette, Heinz Robert: Kirche „De facto" und „De iure". Bemerkungen zu Ökumene, Katholizität und Simone Weil. S.102-103
[91] ZG, S.129
[92] ZG, S.130
[93] Die Frage der Taufe wird seit jüngster Zeit anders gewertet. Laut der Aussage einer Freundin Simone Weils ließ diese sich von ihr taufen, kurz vor ihrem letzten Aufenthalt im Londoner Hospital. Die Echtheit dieser Aussage soll nicht bezweifelt werden, zumal Simone Weil selber die Möglichkeit der Taufe nicht ganz für sich verneinte (ZG, S.91). Dennoch gehe ich in meiner Arbeit von ihrer Auseinandersetzung um die Taufe aus, die sie als Nicht-Getaufte führte. Die Aussagen und Inhalte dieser Auseinandersetzung können meines Erachtens durch eine Taufe auf dem Totenbett nicht aufgehoben werden. Sie enthalten in sich einen Wert, der auch nach der Taufe bestehen bleibt.
Zur Bestätigung der Taufe kurz vor ihrem Tod siehe vor allem: Hourdin, Georges: Simone Weil, S.230, der ein mündliches Zeugnis von P.Perrin schildert: „'Quelques jours avant son départ pour le sana d'Ashfort où elle devait s'éteindre le 24 août 1943, Simone avait eu une discussion assez vive avec un prêtre français présent à Londres et proche de la France libre. Il lui avait reproché son obstination par rapport à certaines positions de l'Église romaine et lui avait dit que cela était incompatible avec le baptême. Étant seule ensuite, Simone demanda à son amie de la baptiser. Celle-ci accepta volontiers et, serrant ses mains sous le robinet, elle y recueillit de l'eau qu'elle versa sur le front de Simone en disant les paroles de la foi.'" Die Taufe durch eine Laiin, und in der Verborgenheit eines normalen Zimmers entspricht in exakter Weise dem Glauben

„Ich fühle, daß es für mich notwendig ist, daß es mir vorgeschrieben ist, einsam zu bleiben, eine Fremde und Verbannte hinsichtlich jedes beliebigen Milieus ohne Ausnahme."[94]

Diese Aussage könnte über allen vier Konfliktfeldern ihrer Biografie stehen. Simone Weil bleibt auch der Kirche, wie der Nicht-Kirche eine Fremde. Sie kann sich nicht zum Eintritt entschließen, nicht nur weil sie die Macht der Suggestion fürchtet, sondern weil sie in der Bindung an sie als soziale Einrichtung ihre Identität verliert. Simone Weil gerät in einen Gewissenskonflikt, weil sie befürchtet, einen Fehler zu begehen, wenn sie sich zur Taufe entschlösse. Ihr Gewissen ist die Bindung an das Heilige, das sie glaubt zu vereinnahmen und sich somit an ihm zu vergehen. Sie ist eine Vertreterin eines Katholizismus, der in seiner Anonymität gelebt sein will, die sich wiederfindet in vielen ungenannten Gottesorten und Gottesnamen.

Gerade im Konflikt mit der Taufe wird sehr deutlich, dass Simone Weil eine Abneigung für jegliche menschliche Gruppierung und Organisation hat. Dass sie sich mit dieser Abneigung jedoch selbst in eine Aporie bringt, macht ihre Sehnsucht nach den Sakramenten deutlich. Simone Weil hat sich besonders in den letzten Monaten ihres Lebens danach gesehnt, die Eucharistie zu empfangen. Doch ihre Berufung außerhalb der Kirche zu bleiben, treibt sie auch hier in eine Situation, in der Erwartung zu verhungern.

Dabei bleibt die Frage offen, inwiefern Simone Weil einem Irrtum unterliegt, weil sie das Konkrete gegen das Universale ausspielt. Jedoch ist gerade das Konkrete die Öffnung zum Universalen, das Existentielle der Bezug zu einer umfassenden Weltdeutung und Wahrheit. Ihr Problem also, die konkrete Verfasstheit der Kirche nicht mit deren universalem Anspruch in Verbindung bringen zu können, ist das Problem einer Kirche, wie diese sich selbst in ihrem Universalanspruch sieht. Oder ist der Vorwurf an die Kirche, dem eigentlichen Wahrheitsanspruch nicht zu entsprechen, für Simone Weil eine Möglichkeit, ihre eigene Existenzweise deutlich zu machen? Denn, was für die Kirche gilt, trifft schließlich auch in allen anderen Lebensbereichen Simone Weils zu: Fremdheit und Identität.

Simone Weils an die Anonymität Gottes. An der Handlung als solcher ist kein Zweifel zu erheben. Sie spricht in ihrer Weise für die Konsequenz, mit der Simone Weil selbst den Empfang dieses Sakraments nicht an die Öffentlichkeit und Institution eines kirchlichen Amtsträgers bindet und dadurch im Status der Getauften ihre Heimatlosigkeit bewahrt.
Kuhlmann, Jürgen: Gültig getauft. Neues über Simone Weil, S.39-42; Springsted, Eric O.: Spirit, Nature, and Community, S.3-18;

[94] ZG, S.95

An der Taufe wird dies besonders deutlich. Simone Weil war eher bereit, für die Kirche zu sterben als in sie einzutreten.[95] Diese Tatsache kann verstanden werden als Leugnung der Realitäten aufgrund einer idealisierten Wirklichkeitssicht, sie kann aber auch hinweisen auf eine Lebensweise, die Widerstand leistet gegen eine selbstzufriedene und damit in sich gefangene Eigenwelt. In diesem Sinn ist die Haltung Simone Weils dem Leben gegenüber ein deutlicher Versuch, nach den Kriterien zu fragen, die eine konkrete Realität zu einer universalen Sicht öffnen. Dass es hierbei wesentlich auf den Wahrheitsgehalt ankommt, ist bereits in der Kirchenkritik Simone Weils deutlich geworden. Wie dieser Wahrheitsgehalt jedoch im Konkreten verhaftet und nicht überhöht zu verstehen ist, das wird noch im weiteren zu klären sein.

P.Perrin, der zusammen mit Gustave Thibon nach Simone Weils Tod ein Buch über ihre gemeinsamen Begegnungen herausgibt, schildert aus seiner Sicht die Glaubenssituation von Simone Weil und ihre Stellung zur Kirche.[96] Die Monate[97], in denen die beiden im Dialog miteinander standen, scheinen von einer intensiven Auseinandersetzung geprägt gewesen zu sein, in der nicht nur Simone Weil die Fragende und Suchende blieb. Simone Weil brachte griechische und orientalische Texte zu den Gesprächen mit und P.Perrin zog aus ihnen Vergleichspunkte zum Evangelium. Er war beeindruckt von den Gesprächen, die etwas sehr Persönliches, weil auf den eigenen Glauben bezogen, und etwas sehr Unpersönliches wegen einer bleibenden Fremdheit hatten.[98] Simone Weil bezeugt selbst, dass P.Perrin sie, durch seinen Hinweis, sie solle der Taufe nicht ohne Achtsamkeit gegenüberstehen, im Herzen getroffen habe. Der Gedanke des anonymen, impliziten Katholizismus, den Simone Weil vertritt, scheint P.Perrin selbst sehr beschäftigt zu haben, denn er setzt sich in seinen Überlegungen mit Simone Weils Außenstandpunkt und seinem eigenen Innenstandpunkt auseinander. P.Perrin ist in seinen Schilderungen eifrig bemüht, Simone Weils Kirchenkritik von der Lehre der Kirche selbst her zu widerlegen. Er schildert ihren

---

[95] „'Für den Augenblick war ich eher geneigt, für die Kirche zu sterben als in sie einzutreten'". Perrin, Jean-Marie/ Thibon,Gustave: Wir kannten Simone Weil; S.69;

[96] Perrin, Jean-Marie/ Thibon, Gustave: Simone Weil telle que nous l'avons connue, Paris 1952;

[97] Ein regelmäßiger Kontakt zwischen P.Perrin und Simone Weil bestand von November 1941 bis Ende März 1942.

[98] P.Perrin berichtet: „Personnel, car rien ne peut être plus intime et plus total qu'une communion dont le lieu est Dieu cherché ensemble, quand Dieu n'est pas un mot ou un concept mais le bien comblant et la raison de vivre! Très impersonnel aussi. Simone Weil ne m'entretenait de presque rien en dehors de ce qu'elle cherchait; elle me posait ses problèmes; ensemble nous ouvrions l'Évangile pour chercher la réponse divine; j'essayais de lui exposer la pensée de l'Église; elle aimait à me dire les beaux textes grecs et orienteaux où elle retrouvait une pensée semblable." (Perrin, Jean-Marie: Mon dialogue avec Simone Weil, S.78/79)

Standpunkt als einen Irrtum. Zwar gilt es, diesen Irrtum sehr ernstzunehmen und vor allem das Ringen, das mit ihm verbunden ist zu achten. Doch Perrin ist überzeugt von der unvollkommenen Position Simone Weils, die vor allem auf ihr sehr kurzes Leben zurückzuführen sei.[99] Für P.Perrin ist Simone Weil eine Person, die in ihrer Glaubensauseinandersetzung geprägt ist von jansenistischen Einflüssen, Gedanken der Katharer und der Stoa. Ihr philosophisch vorgeprägter Intellekt machte ihr den Weg zu einem kirchlichen Glauben schwer, da gerade ihre philosophischen Lehrmeister eher von einer antiklerikalen Haltung geprägt waren.[100] Simone Weil versucht für sich diesen Zwiespalt aufzulösen, indem sie griechische Philosophie und christliches Gedankengut miteinander in Verbindung setzt:

> „'Die griechische Geometrie und der christliche Glaube sind aus derselben Quelle geflossen.'"[101]

Ihre Vergleichspunkte der evangelischen Botschaft mit Gedanken Platons oder denen der Bhagavad-Gita tragen für Perrin synkretistische Züge. Das Festhalten an wesentlichen Inhalten des christlichen Glaubens spricht Perrin zufolge gegen ein von ihr „implizit" gelebtes Christentum. Denn implizit ist, seiner Ansicht nach, nur der Glaube, der in concreto nicht christliche Themen wie die Sakramente, die Trinität, die Gottessohnschaft kennt. Das war bei Simone Weil nicht der Fall, weswegen ihr Nicht-Eintritt in die Kirche für Perrin eine bewusste Weigerung ist, sich an etwas Gewusstes zu binden und weniger die Unfähigkeit an Ungewusstem vorbeizugehen. Die Unfertigkeit ihrer Standpunkte bezüglich der katholischen Glaubenslehre ist für P.Perrin das Hauptargument, dass Simone Weil *noch* nicht bereit war, die Taufe zu empfangen. In einem unveröffentlichten Fragment schreibt sie dazu folgendes:

> „'Es gibt Stellen im Evangelium, an denen ich früher Anstoß nahm und die jetzt für mich außerordentlich lichtvoll sind. Aber die Wahrheit, die ich in ihnen finde, gleicht keineswegs dem Sinn, den ich früher sehen zu müssen glaubte und der mich schockierte. Hätte ich sie, diese Stellen, nicht immer wieder mit Aufmerksamkeit und Liebe gelesen, so wäre ich nicht zu dieser Wahrheit vorgestoßen. Aber ich wäre gleichfalls nicht hingelangt, hätte ich auf meine eigene Meinung verzichtet, bevor ich ihr inwendiges Licht wahrgenommen hätte. Andere Stellen im Evangelium sind mir noch verschlossen, ich denke, mit der Zeit und der Hilfe der Gnade werden Aufmerksam-

---

[99] Perrin, Jean-Marie/ Thibon,Gustave: Wir kannten Simone Weil; S.32/33
[100] Siehe hierzu bspw. Alain in seinen Ansichten über die Kirche: „La force de l'Église, entant temps, c'est de remédier à l'agitaion d'esprit." und weiter: „La guerre de l'Église contre la science changea les rôles, et rejeta le curé dans le camp des visionnaires et des magiciennes; mais, dans cette convulsion contre elle-même, l'Église manqua à son propre esprit, qui était raisonnable." (Alain: Propos sur la religion, S.36-38)
[101] Perrin, Jean-Marie/Thibon, Gustave: Wir kannten Simone Weil, S.58/59

keit und Liebe sie mir eines Tages fast alle durchsichtig machen. Und so wird es auch mit den Dogmen des katholischen Glaubens sein.'"[102]

Diese „Unvollkommenheit" des Glaubens, die Simone Weil hier thematisiert, ist laut Perrin kein Hindernis zur Taufe, denn immer wieder steht der Glaube am Anfang. Für Simone Weil aber ist er ein Hindernis und es ist nicht deutlich, ob dieses Hindernis von einem persönlichen Minderwertigkeitsgefühl herrührt, nicht genügend zu glauben. P.Perrin schließt aus der Kenntnis der Person Simone Weils eher auf ein Gefühl der eigenen Unvollkommenheit und Insuffizienz, die sie daran hindert, an die eigene Berufung zu glauben.
Perrin hebt insbesondere Simone Weils Verständnis des Unglücks und seiner christlichen Inkarnation am Kreuz hervor sowie ihr Verständnis der Eucharistie. Seine gesamten Ausführungen sind jedoch geprägt von einem apologetischen Zug, der die Weilsche Kritik an der katholischen Kirche im Blick hat. So erhalten seine Argumente einen belehrenden Charakter, der in direkter Korrelation zu Simone Weils „Unvollkommenheit" steht.[103]

---

[102] Perrin, Jean-Marie/Thibon, Gustave: Wir kannten Simone Weil, S.32/33
[103] Das 1954 von P.Perrin und Gustave Thibon herausgegebene Buch macht m.E. den vorvatikanischen kirchlichen Standpunkt deutlich. Perrin bemüht sich zwar sehr, die herausragende Persönlichkeit Simone Weils auch in den Glaubensdingen zu bezeugen, kann aber nicht umhin, der LeserInnenschaft seine eigene kirchliche Meinung darzulegen. Es wird deutlich, dass Perrin die Kirchenkritik Simone Weils im letzten für unangebracht und unreif hält und gleichzeitig ihre religiösen Standpunkte als nicht kirchenkonform einschätzt bzw. ihr eine glaubensmäßige Verworrenheit attestiert.
Simone Weil bestätigt diese Parteilichkeit Perrins, indem sie im 5.Brief vom 16.April 1942 an Perrin schreibt:
„Sie haben mir auch sehr weh getan, als Sie eines Tages das Wort 'falsch' gebrauchten, als Sie 'nicht-orthodox' sagen wollten." (ZG, S.128) Auch mutet es seltsam an, dass Simone Weil ihre Briefe an P.Perrin mit einer für sie ansonsten ungewohnt kindlichen Unterwürfigkeit unterzeichnet: mit "kindlich ergebener Dankbarkeit".
Im Buch „Mon Dialogue avec Simone Weil", scheint mir der Standpunkt von Perrin verändert. Inzwischen hat das Vat II selber den Weg von einer apologetischen zu einer dogmatisch-pastoralen Kirchlichkeit gefunden. P.Perrin verdeutlicht in diesem Buch nun eher, wie Simone Weil zu ihrer Zeit schon Ansichten vertreten hat, die das Konzil dann weiterführend zu seinen Aussagen macht. Bemerkenswert hierzu ist vor allem die Anmerkung auf Seite 92, Fußnote (3), in der Perrin schreibt:
„La requête de Simone Weil eut-elle quelque part à ce choix de Vatican II? D'autres avaient-ils ressenti comme elle le problème posé par cette manière de parler? Je ne sais, mais je tiens des proches de Madame Weil que Jean XXIII, futur Pape du Concile, alors nonce à Paris, avait été profondément ému par les lettres d'Attente de Dieu et l'avait écrit à la mère de Simone, carte malheureusement égarée. Devenu Pape, il s'exprimera ainsi dans le discours d'ouverture du Concile:
'Aujourd'hui, l'Épouse du Christe préfère user du remède de la miséricorde plutôt que de la sévérité. Elle pense subvenir aux besoins de l'heure présente en montrant la valeur de son enseignement plutôt qu'en renouvelant des condamnations.'" (S.92/93)

In einem Text des Winters 1942-43 in London schreibt Simone Weil noch einmal eine ganz deutliche Stellungnahme zur Taufe. Wieder ist es die Schwelle, die als Ortsbestimmung für ihren Standpunkt dient. Auch die später kurz vor ihrem Tod vorgenommene Taufe durch eine Freundin kann meiner Ansicht nach an dieser Positionsbestimmung nichts ändern. Simone Weil hat nie einen Zweifel daran gelassen, dass sie eine Taufe im Falle ihres Todes nicht ausschließe. Ihre Auseinandersetzung mit der katholischen Kirche bleibt in ihrer Brisanz erhalten. Sie ist ein Zeugnis von einem Glauben, der die Kirche nach ihrem Verhältnis zu denen befragt, die außerhalb ihrer stehen. Jemand wie Simone Weil konnte trotz eines Nicht-Beitritts der Kirche näher stehen als diejenigen, die sich in ihr befinden:

> „Obwohl ich nun außerhalb der Kirche oder genauer gesprochen auf der Schwelle der Kirche stehe, kann ich mich nicht gegen den Eindruck wehren, daß ich trotzdem drinnen bin. Niemand steht mir näher als jene, die drinnen sind."[104]

Die Frage, die Simone Weil mit ihrer „Schwellen-Existenz" an die Kirche stellt ist die nach einer Identität im Innen wie im Außen. Als nicht-getaufte Christin ist Simone Weil eine Symbolfigur für alle Menschen, die die Inhalte des Evangeliums für wahr halten, sich aber nicht für die Kirche entscheiden können. Die Kirche kann diese Botschaft im Außen als eine Offenbarung wahrnehmen, ihre eigene Erlösungsbedürftigkeit in Solidarität mit diesen Menschen thematisieren. Nur eine Kirche auf der Schwelle zwischen sich selbst und den anderen kann sich auf den Prüfstand stellen lassen und glaubwürdig sein.

Dabei ist es hier die Nicht-Katholikin, die den Katholikinnen und Katholiken etwas von dieser Glaubwürdigkeit vermittelt.

---

[104] Für Perrin ist, nach Bekanntgabe der Not-Taufe Simone Weil's durch eine Freundin in London, die Zugehörigkeit Simone Weils zur Kirche unbestreitbar. Er selbst glaubt an das Zeugnis dieser Freundin und an den Glauben von Simone Weil, der diese Taufe gültig macht.
Perrin, Jean-Marie/ Thibon, Gustave: Wir kannten Simone Weil, S.78
Das Grundanliegen der Taufe bei Simone Weil scheint mir nicht die Frage des tatsächlichen Ereignisses in London (so etwa Jürgen Kuhlmann) zu sein, sondern die ihr vorausliegende Auseinandersetzung. Simone Weil wirft Fragen an die Kirche auf, die nicht unbeantwortet bleiben können. So muss sich die Kirche in erster Linie fragen, ob sie ihren Glauben nur systemimmanent vertreten kann. Dies würde eine Verteidigung der eigenen Glaubensinhalte gegenüber anderen Religionen beinhalten, die nicht zu einem Dialog führen. Der universale Anspruch der katholischen Lehre steht hier auf einem neuen Prüfstand und dies gerade in heutiger Zeit. Universalität würde hier bedeuten, den eigenen Glauben in Verbindung mit anderen Glaubensrichtungen nicht zu verlieren, sondern ihn im Gegenüber überhaupt erst zu finden.

1.4 Christliche Jüdin oder jüdische Christin? Im Konflikt der Religionen

In ihrer ab 1936 einsetzenden religiösen Phase beschäftigt sich Simone Weil zunehmend mit der christlichen Religion. Diese bewusste Auseinandersetzung mit christlichen Inhalten gründet ihrer eigenen Aussage nach in einer von Geburt an christlichen Gesinnung, wenn sie schreibt:

„ich habe immer als einzig mögliche Einstellung die christliche Einstellung angenommen. Ich bin sozusagen im christlichen Sinn geboren, aufgewachsen und immer darin verblieben."[105]

Diese Aussage in ihrer geistlichen AutoBiografie an P.Perrin ist erstaunlich in erster Linie deswegen, weil Simone Weil nicht getauft, nicht im christlichen Umfeld geboren ist, sondern einem jüdischen Elternhaus entstammt. Ihre Großeltern mütterlicher- wie väterlicherseits gehören der jüdischen Religion an.[106] Besonders die Großmutter väterlicherseits, Eugénie Weil, scheint die Riten der jüdischen Religion praktiziert und hoch geschätzt zu haben. Simone Pétrement berichtet, dass sie nahezu jeden Sonntag zu Besuch im Hause ihres Sohnes war und die Schwiegertochter bei der Zubereitung der Speisen „aux prescriptions de la Loi"[107] kontrollierte. Die Eltern Weil jedoch praktizieren ihre Religion ansonsten nicht und erziehen ihre Kinder in einem agnostisch-liberalen Sinn. Dieses Verhalten entspricht dem vieler französischer Jüdinnen und Juden infolge der Dreyfußaffäre, die sich von 1894-1906 hinzog. Die jüdische Bevölkerung Frankreichs war durch das politische Ausmaß dieser Affäre zutiefst in ihrem Selbstbewusstsein getroffen und auch die Familie Weil wird sich dem antisemitischen Klima nicht entzogen haben können, selbst wenn sie nicht aktiv zu ihrer Religion standen:

„Juden fühlten sich durch die antisemitische Kampagne bedroht. Das galt auch für Doktor Weil und seine Frau Selma, die umso mehr betroffen waren, als sie politisch links standen und keineswegs politische Indifferenz

---

[105] ZG, S.101
[106] Die Eltern von Bernard Weil Eugénie (1839-1932) und Abraham Weil (1823-1905) werden als fromme elsässische Juden geschildert, die fest in ihrer Religion verankert waren. Salomea Weil, geb. Reinherz stammt aus einer jüdisch-russischen Familie, die ab 1882 von Russland nach Auvers umsiedelt. Die Großeltern von Simone Weil mütterlicherseits waren im Gegensatz zu den Eltern Bernard Weils nicht praktizierende Juden. Sie werden als künstlerische, musikalische Familie geschildert. (SP I, S.15-18)
[107] SP I, S.16
Eugénie Weil ist es auch, die ihre Enkelin Simone lieber tot als mit einem Nicht-Juden verheiratet sehen wollte.

bekundeten. Die Hassausbrüche der Dreyfußaffäre erinnerten die Juden, auch wenn sie sehr assimiliert waren, an ihre besonders prekäre Lage."[108]

Das Frankreich dieser Zeit war also keineswegs frei von verschiedenen Bewegungen des Antisemitismus und es ist sicher, dass auch Simone Weil sehr früh davon Kenntnis nahm. Nach Thomas R. Nevin wird den Kindern Weil von ihren Eltern ein zweifaches religiös-nationales Erbe mitgegeben. Es wird unterschieden zwischen dem Staat als nationaler Größe und einer Heimat, die von einer Nation nicht vermittelt werden kann. Die Heimatlosigkeit aufgrund des fragilen Verhältnisses Frankreichs zum Judentum wird also zu einer Überlebensfrage für die Familie Weil.

Simone Weil selbst hat sich der jüdischen Religion in keinster Weise zugehörig gefühlt. In ihrem Protestbrief vom Oktober/November 1940 an Xavier Vallat, dem Vichy-Minister für jüdische Angelegenheiten, beschreibt sie sehr deutlich ihre Stellung zum Judentum. Sie beteuert, nie eine Synagoge betreten, noch einer religiösen Zeremonie beigewohnt zu haben. Auch die Definition einer jüdischen Rasse lehnt sie für sich ab, weil ihre Familie keinerlei Bezug zu Palästina gehabt habe. Einer religiösen oder nationalen Zugehörigkeit zum Judentum kann sich Simone Weil nicht anschließen, vielmehr schreibt sie:

„'La tradition chrétienne, française, hellénique est la mienne; la tradition hébraïque m'est étrangère.'"[109]

und

„'J'ignore la définition du mot juif;'"[110]

Simone Pétrement erzählt von einer Diskussion, 1934, in der Simone Weil gegenüber Bercher behauptet:

„'Personellement, je suis antisémite.'"[111]

Sie nimmt diese Aussage jedoch im Laufe des Gesprächs wieder zurück und bezieht sich nur auf ihre Abwehr gegen einen jüdischen Fanatismus bzw. Separatismus. Es bleibt dennoch bestehen, dass Simone Weil einen sehr ambivalenten Bezug zum Judentum hatte. Sie lehnt den Gott des AT ab und betrachtet nur die Schriften und Personen hellenistischen Ursprungs als für ihren Glauben relevant (Job, Melchisedek, Daniel, Teile der Psalmen). Ihres Erachtens hat das Judentum durch die Ablehnung des Vermittlers Jesus seine transzendente Bedeutung als Religion verloren. Denn es gehe dem Judentum nur darum, zionistische Ziele zu verfolgen, d.h. den Gott Zebaoth als nationale Größe gegenüber anderen Völ-

---

[108] Heinz Abosch: Simone Weil zur Einführung, S.22
[109] „Die christliche Tradition, die französische, hellenistische ist meine; die hebräische Tradition ist mir fremd." (SP II, S.291)
[110] „Ich ignoriere die Definition des Wortes Jüdin;" (ebd., S.289)
[111] „Persönlich bin ich Antisemitin." (ebd., S.291, Fußnote 1)

kern zu verteidigen. In ihrem Artikel „Israël et les gentils"[112] rechnet Simone Weil in erstaunlich vehementer Weise mit dem Gott des AT ab. Der Gott der Geschichtsbücher des AT ist für sie kein Gott der Liebe, sondern der Macht - ganz im Gegenteil zu den Göttern der Griechen. Sie stellt die Ilias über das AT, weil sich Zeus im Kampf um Troja als ein gerechter Gott erweist, der den Griechen den Sieg lässt, obwohl er Troja liebt. Jehovah aber ist ein Gott, der mit dem Teufel im NT vergleichbar ist, denn er verführt Israel zur Macht, weil er seinem Volk alle Reiche verspricht. Besonders auffallend ist an dem Text in erster Linie, dass Simone Weil eine Sprache verwendet, die in diffamierender Weise antijudaistisch ist. So schreibt sie beispielsweise über das jüdische „Versagen" bezüglich des Kreuzestodes Christi:

> „Les Juifs étaient dans la logique de leur propre tradition en crucifiant le Christ."[113]

An anderer Stelle behauptet sie:

> „Jusqu' à l'exil, il n'y a pas un seul personage de race hébraïque mentionné dans la Bible dont la vie ne soit pas souillée des choses horribles."[114]

Dies sind schwer zu verstehende Aussagen, zumal Simone Weil hier selber das Wort „race" verwendet, das sie später als jüdisches Definitionsmerkmal ablehnen wird. Dabei ist der Text über Israel sehr spät, erst 1942, von ihr verfasst worden, in einer Zeit also, da die Judenpogrome in ganz Europa auf dem Höhepunkt waren. Die Widersprüchlichkeit ihrer Gedanken spitzt sich noch mehr zu, wenn man ihren im Jahr 1939 verfassten Artikel über die Ursprünge des Hitlertums betrachtet.[115] Dort analysiert sie in sehr präziser Weise die Gefahren, die durch den Nationalsozialismus über Europa hereinbrechen. Ihr Vergleich von Rom und Hitlerdeutschland führt zu der Schlussfolgerung, Deutschland übe einen Totalitarismus aus, der die anderen Länder unterjochen werde. Ihre Analyse wird sich bewahrheiten. Die leidende jüdische Bevölkerung findet in ihrer Untersuchung jedoch keinen Platz. Der bereits täglich sich ereignende tausendfache Tod der Jüdinnen/Juden, die Deportationen, Misshandlungen etc. interessieren Simone Weil nicht. Sie bezieht den jüdischen Genozid nicht in ihre politischen Überlegungen mit ein. Es stellt sich die Frage, inwiefern Simone Weil tatsächlich über die Existenz der Konzentrationslager informiert war. Gilbert Kahn, ein befreundeter Zeitgenosse Simone Weils ist der Ansicht, sie habe genügend Informationen über die Lage der Juden in Deutschland erhalten, zumal

---

[112] PSO, S.47-62. Dieser Artikel ist im Deutschen nicht erschienen.
[113] PSO, S.51 „Die Juden handelten in der Logik ihrer eigenen Tradition als sie Christus kreuzigten."
[114] PSO, S.57 „Bis zum Exil gab es keine Person aus dem Stammbaum der Hebräer, gemäß der Bibel, deren Leben nicht besudelt war von Greueltaten."
[115] „Quelques réflexions sur les origines de l'hitlérisme", erschienen in "Nouveaux Cahiers" (n° 53, 1. Januar 1940), EHP, S.11-30; ŒC II, Volume 3, S.168- 219.

sie sich in der nicht-besetzten Zone Frankreichs aufhielt.[116] Dennoch scheint sie sich mehr für die Kolonialverbrechen Frankreichs in Indochina interessiert zu haben als für die Verbrechen im benachbarten Hitlerdeutschland. Diese Tatsache muss befremden und führt zu der Annahme, Simone Weil habe ihre jüdische Herkunft nicht nur ignoriert, sondern bewusst abgelehnt und diese Ablehnung auf alle Jüdinnen und Juden projiziert. Dieser Vorwurf wird ihr dann auch in der Nachkriegszeit von jüdischer Seite gemacht. Besonders der jüdische Philosoph Emmanuel Lévinas kritisiert in scharfer Weise ihre Stellung zum Judentum.[117] In seinem Vorwurf einer willkürlichen Bibellektüre Simone Weils, geht Lévinas in erster Linie darauf ein, dass Simone Weil sich nicht mit dem Talmud und der Thora beschäftigt habe: „Simone Weil, Sie haben nie etwas von der Thora begriffen!"[118] In der Tat hat sich Simone Weil nur mit bestimmten Texten der

---

[116] „Gilbert Kahn, 'L'idée d'une beauté diabolique chez Simone Weil,' *Entretiens sur l'homme et le diable* (Paris: Mouton, 1965), p.124, says Weil knew about the horror of the camps enough to consider sending to them urging revolt, but that simply shows how little she knew of the real situation. Jacques Adler, *The Jews of Paris and the Final Solution* (New York Oxford University Press, 1987), pp.46-47, maintains that 'no news had reached the Jewish population of Paris before the end of 1942 about labour and extermination camps,' but Weil, living in the Unoccupied Zone, might have learned a good deal before her departure." (Nevin, Thomas R.: Simone Weil: S.432, Anm. 35)

[117] Siehe: Lévinas, Emmanuel: Difficile Liberté, *Simone Weil contre la Bible*, S.189-206.
Lévinas wirft Simone Weil vor, sie lese die Bibel nur selektiv und verfälsche damit deren Sinn. Zudem würde sie das Gute nur außerhalb und das Schlechte nur innerhalb des Judentums ansiedeln. Gerade die Aufnahme geschichtlicher Greueltaten des Volkes Israel in den Kanon, zeigt nach Lévinas jedoch, dass nur ein Volk, das frei ist, sich selbst eine solche Eigenkritik zumuten kann. Ebenso militant wie Israel, so Lévinas, sei im übrigen auch die Kirche, die für Simone Weil so wichtig ist. Weiterhin kritisiert Lévinas den philosophischen Gott Simone Weils, der sich als das universale Gute über das Schicksal des Einzelnen erhebt. Der jüdische Gott aber ist seines Erachtens der Gott im Antlitz des Anderen, der zunächst als Innerlichkeit wahrnehmbar, dann nach einer äußeren Handlung verlangt. Das Unglück des Anderen stehen zu lassen als Liebe Gottes, wie Simone Weil es tut, ist ein Verbrechen. Vielmehr ist die Pflicht zu handeln die Praxis der Gerechtigkeit. Der Mensch ist nicht Passion, sondern Aktion in der Geschichte. Für Lévinas ordnet sich der gläubige Jude nicht dem Buchstaben des Gesetzes unter, sondern er erfüllt ihn universal. Die Erwählung Israels entspricht dieser Universalität, weil jede Person zum freien Handeln für den Anderen aufgefordert ist. In ihrer nationalen Erscheinung entspricht die Auserwählung der Schöpfungsökonomie, die zum Fortbestand und zur Konstitution des Volkes beiträgt.

[118] Lévinas, Emmanuel: Schwierige Freiheit, S.112
Der Artikel trägt den bezeichnenden Titel: *Die Thora mehr lieben als Gott*. Diese Auffassung dürfte in der Tat den religiösen Standpunkt von Lévinas zusammenfassen. Dabei ist der Erfüllung des Buchstabens für ihn gerade nicht ein entpersönlichender Glaube, sondern die einzige Konkretion eines persönlichen Gottes: „Die Thora noch mehr lieben als Gott, eben das bedeutet, zu einem persönlichen Gott zu gelangen, gegen den man sich empören kann, das heißt, für den man sterben kann." (ebd., S.113)

jüdischen Tradition beschäftigt. Die Mystik der jüdischen Kabbala scheint sie gar nicht gekannt zu haben. Texte und Personen werden von ihr in eigenwilliger Auslegung interpretiert[119]. Hartnäckig bleibt sie bei ihrer Behauptung, Israel habe durch die Ablehnung der Inkarnation seine Berufung verfehlt. Meines Erachtens ist die Argumentationsweise von Simone Weil zumindest nicht im nationalsozialistischen Sinn als antisemitisch aufzufassen, weil sie auf der religiös-philosophischen und nicht auf einer rassenideologischen Ebene stattfindet. Ihre Aburteilung des alttestamentlichen Gottes als machthungrig, gründet in der Argumentation, das Judentum besitze keine authentische Spiritualität. Authentisch ist für Simone Weil eine Religion, die den eigenen Standpunkt nicht zur „Selbst-Vergötzung" erhebt, was Israel ihrer Meinung nach getan hat in seinem nationalen Standpunkt.[120] Simone Weils Sehnsucht in religiöser Hinsicht scheint ein nicht-hebräisches Christentum[121] gewesen zu sein, entsprechend ihrer Vorliebe für das platonische Gedankengut. Bestehen bleibt, dass Simone Weil in einer Zeit, in der die Judenverfolgung grassierte und in ganz Europa schlimmste Folgen zeigte, keinerlei Sensibilität für das Elend der Jüdinnen und Juden entwickelt. Die Not der Menschen in der Fabrik ist ihr näher als die Ermordung Unschuldiger. Ein verengter Blickwinkel, der zum einen vielleicht einem Minderwertigkeitsgefühl[122], zum anderen aus einem Selbsthass[123] entstan-

---

Die Frage inwiefern gerade die Standpunkte, die Lévinas vertritt auch dem Denken Simone Weils nahe sind, lassen sich hier nicht erörtern. Ich verweise an dieser Stelle auf Teil IV meiner Arbeit, in der die Stellung des Judentums in den Gedanken von Simone Weil einen andere Perspektive erhält. Von Bedeutung ist, dass sich Lévinas später selber auf Gedanken Simone Weil bezieht, in seinem Begriff der „Non-indifference" (siehe Lévinas, Emmanuel, Autrement qu'être ou au-dela de l'essence, Paris 1974, S.217). Dort schreibt er über das Losreißen des Selbst von sich, das erst den wirklichen Weg zum Anderen ermöglicht: Das Engagement, das den Nächsten als Nächsten erscheinen lässt. Dies aber ist ein Gedankengang, den Simone Weil im Begriff der Aufmerksamkeit für den Anderen ebenfalls verwendet. Lévinas zitiert als Beleg für das „Arrachement de soi" Simone Weils Gebet: „Simone Weil écrit: 'Pére arrache de moi ce corps et cette âme pour en faire des choses à toi et ne laisse subsister de moi éternellement que cet arrachement lui-même.'" (ebd.)

[119] Sie bezeichnet die Trunkenheit des Noah als eine mystische Trunkenheit. Job ist für sie eine Person mit nicht-hebräischem Ursprung.
[120] Die gleiche Argumentation wendet Simone Weil auch auf die Kirche an, indem sie deren *anathema sit* kritisiert.
[121] Nevin, Thomas: Portrait of a Self-Exiled Jew, S.247
[122] Perrin, Jean-Marie/ Thibon, Gustave: Wir kannten Simone Weil, S.178
Gustave Thibon schreibt über die Ablehnung des Jüdischen bei Simone Weil: „Sie war durchaus das Kind des mit dem Stempel des ewigen Widerspruchs gezeichneten Volkes, dessen 'starren Nacken' die Propheten schüttelten, und ihr leidenschaftlicher Antisemitismus war das sicherste Zeugnis ihrer Herkunft. Gibt es etwas Jüdischeres als diese ewige Spannung und Ruhelosigkeit, dies Bedürfnis, die höchsten Wirklichkeiten zu kontrollieren und zu experimentieren, diese fieberische Suche nach dem Ewigen in der Zeit (...)?" (ebd.,S.156)

den sein mag. Simone Weil leugnet ihre jüdische Herkunft und Tradition[124] und bleibt ihr im letzten doch verpflichtet. Eine einzige Aussage in den Briefen an P.Perrin zeugt von ihrem Bekenntnis zum Judentum. In ihrer geistlichen Auto-Biografie vom 15.Mai 1941 schreibt sie:

> „Ich fühlte, daß ich meine Empfindungen bezüglich der nichtchristlichen Religionen und bezüglich Israels nicht aufgeben konnte(...)".[125]

Diese Aussage macht deutlich, dass Simone Weil sich trotz aller Abwehr gegen ihre jüdische Identität dennoch in gewisser Weise als Jüdin verstand. In welchem Ausmaß ist nicht zu erkennen, zumindest aber ist ihre jüdische Zugehörigkeit für sie ein Hindernis, die christliche Taufe zu empfangen. Dies zeigt zum einen, dass gerade eine starke Abwehr eine versteckte Affinität zu bestimmten Dingen hervortreten lässt und zum anderen, dass Simone Weil hier wiederum vor einer Notwendigkeit steht, der sie nicht entrinnen kann. Auch ihre christliche Überzeugung, die sie nach eigener Aussage von Geburt an in sich trägt, kann nicht darüber hinwegtäuschen, dass sie realiter von Geburt an Jüdin ist. Simone Weil gerät selber mit sich in Konflikt, indem sie meint, diese notwendige Tatsache ihrer religiösen Herkunft zu verleugnen. Denn auch ihre Liebe zu den Inhalten und Werten des Christentums müsste ihrem jüdischen Ursprung nicht widersprechen. Ihre universale Sicht des Christentums wäre, bspw. auch im Gedanken des „Unglücks" durchaus mit jüdischen Gedanken vereinbar gewesen. Das, was sie am Christentum hoch schätzt, steht nicht in unbedingtem Widerspruch zur jüdischen Religion. Ihre Analyse der geschichtlichen Machtstrebungen Israels ließen sich in gleicher Weise auf das Christentum übertragen.

Trotz ihrer Abwehr bleibt Simone Weil eine jüdische Christin. Beide Religionen unterliegen bei ihr einer ganz eigenen Interpretation. So ist ihr hellenistisch-griechisches Verständnis des Christentums sicherlich vielen Christinnen und Christen suspekt. Ebenso ist ihre Einschätzung des Judentums für jüdische

---

[123] Paul Giniewski hat sich in seinem Werk „Simone Weil ou la haine de soi" explizit mit dem jüdischen Selbstverständnis Simone Weils auseinandergesetzt. Der Titel seines Buches ist zugleich seine These, die er biografisch, zeitgeschichtlich und psychoanalytisch zu belegen versucht. Demnach ist der jüdische Selbsthass, dem Simone Weil unterliegt, die adaptierte Selbstzerstörung, die der Nationalsozialismus der jüdischen Bevölkerung aufoktroyierte:
„Simone Weil est l'héritière, aussi, d'Hillel: (...) elle ne se demandait pas si défendre ses propres intérêts ne vous diminuait pas. Elle affirmait d'emblée qu'elle n'était rien. Elle est hyper-juive dans sa manière de tourner le dos aux Juifs. (...) L'antisémitisme des Juifs représente évidemment la forme parfaite de l'adaption juive au vœu extrême des autres antisémites. Rien ne peut combler ces derniers comme l'auto-destruction des premiers." (ebd., S.296)

[124] Vgl. Wicki-Vogt, Maja: Jüdisches Denken in geleugneter Tradition, in: Schlette, Robert/ Devaux, André: Simone Weil. Philosophie, Religion, Politik, S.137-156;

[125] ZG, S.108

Gläubige degradierend. In ihrer Thematisierung der Heimatlosigkeit[126], der „décréation", der Nächstenliebe, der Namenlosigkeit Gottes ist sie jedoch jüdischer als sie selbst es vielleicht selbst annahm. Der Konflikt der Religionen, in dem sich Simone Weil bewegt, ist ein Konflikt von Notwendigkeit und Freiheit. Solange sie sich nicht zu ihrer notwendigen jüdischen Abstammung bekennt, ist sie nicht frei für das Christentum. Erst die Annahme dieser Notwendigkeit als Akzeptanz ihrer jüdischen Verpflichtung durch Geburt lässt sie zur überzeugten Christin werden. Das Christentum aber ist für sie die Hochblüte des griechischen Geistes, wie es sich im Evangelium und in der Inkarnation zeigt.

Aufgrund der Zeitumstände eines seit langem in Europa schwelenden Antisemitismus scheint Simone Weil einem totalitären Denken gegen das Judentum zu unterliegen. Da gerade sie sich auf allen Gebieten als non-konform und oppositionell verhält, ist ihre Abwehr des Jüdischen in einer Zeit des allgemeinen Antisemitismus schwer verständlich. Ihre Argumentationsweise ist pauschal und kann deswegen auch nicht eines konkreten Antisemitismus, wohl aber eines historisch-religiös begründeten bezichtigt werden. Dennoch hat sich Simone Weil letztendlich zum Judentum bekannt, wie es ihre Aussage P.Perrin gegenüber vermuten lässt. Als geborene Jüdin, die von der Christlichen Botschaft überzeugt ist, kann sich Simone Weil dem Konflikt der Religionen nicht entziehen.[127] Meiner Ansicht nach hat dieser Konflikt für ihr Leben und ihr Denken

---

[126] ZG, S.95

[127] Es ist bezeichnend, dass in der Auseinandersetzung um die Religionszugehörigkeit von Simone Weil sich die jüdischen Autoren in zwei Lager spalten. Zur einen Seite, die die Abneigung Weils gegen das Judentum anklagen, zählt vor allem E. Lévinas, P.Giniewsky. Die anderen Autoren versuchen die antisemitischen Züge Weils in verschiedenster Weise zu erklären. Armand Lunel bezieht Weils Kritik am Judentum hauptsächlich auf die vorexilische Zeit, in der der Judaismus noch nicht voll ausgebildet war. Zudem weist er darauf hin, dass Simone Weils Begeisterung für die Katharer eine gedankliche Parallele zur Mystik der Kabbala zeigt, die Simone Weil allerdings nicht kennt. (Lunel, Armand: Simone Weil et Israël, Revue de la Pensée Juive, Juli 1950, Paris).
Zur anderen Seite gehört in erster Linie Rabi Wladimir, der Simone Weil trotz ihrer antijüdischen Äußerungen hochschätzt und sie gar als „notre Simone Weil" vereinnahmt. (Rabi Wladimir: *Simone Weil (1909-1943) ou l'itinéraire d'une âme. Les derniers jours – Le baptême "in extremis"*, S.51-62). Er begründet ihre Nicht-Taufe als typisch jüdische Haltung und rehabilitiert sie un Gegensatz zur Ablehnung anderer Autoren: „Mais elle est nôtre. Nôtre, dans la douleur et dans les tourments. Nôtre, comme l'ultime et géniale expression d'un judaïsme français qui, depuis cent cinquante ans, tenacement, tentait de changer sa nature, de se détruire en se fondant dans la nation française, sans jamais cependant y parvenir totalement, à cause de l'Autre. L'Autre, c'était l'affaire Dreyfus, et aussi Vichy. Nôtre, par toute la puissance de sa vision spirituelle qui l'égale aux plus grands." (ebd., S.61) Diese unterschiedliche Beurteilung

eine zentrale Stellung.[128] An ihm zeigt sich eine Auseinandersetzung, die das europäische Judentum insgesamt betrifft. Denn er spricht von der Unmöglichkeit der jüdischen Bevölkerung, sich in einer anti-jüdisch-christlichen Kultur zu assimilieren. Er spricht auch und in erster Linie von einem Umgang der Religionen miteinander, die sich im Dialog schwer tun, Standpunkte als Antithesen auffassen und parteiisch reagieren. Das Ringen Simone Weils um ihre religiöse Identität ist geprägt von einer Welt, die Religion nach politischer Macht und öffentlicher Meinung beurteilt. Inwiefern sich die Religionen selber in diesem Meinungsstreit auf ihre wesentlichen Inhalte berufen, hängt davon ab, wie sie ihr Verhältnis zueinander klären.[129]

Simone Weil steht zwischen Judentum und Christentum. Das Christliche zieht sie an, begeistert sie und lässt sie beheimatet sein in einem hellenistischen Kontext. Das Jüdische ist ihr fremd und unangenehm. Und doch gibt Simone Weil selber in diesem „Eine-Fremde-sein" ein wesentliches Merkmal jüdischer Identität wieder. Indem also Simone Weil eine Abwehr gegen alles Jüdische signalisiert, benennt sie gerade darin dessen Wichtigkeit. Und je mehr sie sich der christlichen Taufe nähert, umso mehr wird die jüdische Zugehörigkeit für sie zu einem brisanten Thema. Zum Christentum fühlt sie sich berufen, dem Judentum fühlt sie sich verpflichtet. Zwischen diesen Zugehörigkeitsbestimmungen spielt sich ein Konflikt ab, der zum Wesen von Religion überhaupt gehört: Der Zusammenhang von Identität und Differenz.

Die in diesem ersten Teil beschriebenen Konfliktfelder der Biografie von Simone Weil weisen alle eine gewisse Parallelität auf. Simone Weil befindet sich

---

des Antisemitismus bei Simone Weil von jüdischer Seite scheint mir bezeichnend. Die einen sprechen ihr das Judentum ab, die anderen bezeichnen sie als typisch jüdisch. Simone Weil steht so zwischen Ausschluss und Vereinnahmung, ein Umgang mit ihrer Person, der sich von seiten der Katholischen Kirche ebenso zeigt.

[128] Nevin, Thomas: Portrait of a Self-Exiled Jew, S.258

[129] Zur Diskussion „Antisemitismus und Religionszugehörigkeit" bei Simone Weil siehe u.a.:
Benaroya, L.: Simone Weil et le judaisme, Christianisme Social, S.577-587; Watkins, Peter: Simone Weil: Antisemitism and Syncretism, S.463-473; Moeller, Charles: Simone Weil devant l'eglise et l'ancien Testament, S.104-131; Broc-Lapeyre, Monique: Le problème du judaïsme, in Gilbert Kahn (Hrsg.): Simone Weil; Philosophe, Historienne et Mystique, S.123-160; Hussar, B.: Israël et l'Église, S.127-151; Daniélou, J.: Hellénisme, judaïsme, christianisme, S.17-40; Rabi Wladimir: La conception Weilienne de la creation: Rencontre avec la Kabbala Juive, in: Kahn, Gilbert: Simone Weil. Philosophe, Historienne et Mystique, S.141-154; Améry, Jean: Jenseits der Legende, S.80-86; Bell, Richard: Simone Weil and Post-Holocaust Judaism, S.48-63;

stets in Zugehörigkeit zu einer Gruppe oder einem inhaltlichen Standpunkt, von dem sie sich gleichzeitig zu lösen versucht, um einen anderen Standpunkt einzunehmen. Dabei ist jeweils zu sehen, dass der eine Standpunkt nicht ohne den entgegengesetzten entsteht, ja sogar durch ihn erst deutlich wird. So wird die intellektuelle Perspektive durch die Fabrik relativiert und andererseits auch wiederum zu ihrem Wert für die Fabrik gewendet. Die Körperlosigkeit und Frauenverneinung der geistigen Welt wird deutlich durch den Hunger, der wiederum den Wert von Körper und Frausein einfordert. Die Ablehnung des Judentums verhindert letztendlich eine Zugehörigkeit zur christlichen Religion. Der Außenstandpunkt zur Kirche ist Bestandteil seiner Innerkirchlichkeit.

Der Widerspruch oder Konflikt, in den Simone Weil in all diesen Bereichen gerät, ist also ein Widerspruch, in dem das eine das andere deutlicher werden lässt, ja sogar notwendig macht. Denn für Simone Weil ist die Fabrik notwendig, damit sie sich als Intellektuelle verstehen kann, für sie ist der Hunger notwendig, damit sie ihren Körper spürt, für sie ist das Judentum notwendig, damit sie das Christentum als ihre Religion anerkennt und für sie sind die Nicht-Katholikinnen und Nicht-Katholiken notwendig, damit sie in der Kirche existieren kann.
Die gegenseitige Bedingung einander entgegengesetzter Bereiche lässt sie auf der Schwelle zwischen Standpunkten leben, indem dieses „Zwischen" selbst zu einem Standpunkt wird.

2. Menschsein ereignet sich zwischen Notwendigkeit und Freiheit

In den im ersten Punkt dieses Kapitels beschriebenen biografischen Konfliktfeldern sucht Simone Weil der Wahrheit des Lebens, der Wirklichkeit nahe zu kommen. Diese Wirklichkeitssuche ereignet sich in Gegensätzlichkeiten, die ihr Leben bestimmen. Simone Weil definiert ihr Leben nicht von einer Warte, von einer Seite aus, sondern findet zu ihrer Identität in der Spannung einander entgegengesetzter Lebenswelten. Diese Spannung gilt es im weiteren formal zu bestimmen. Welcher Grundkonflikt steht hinter den bereits beschriebenen konkreten Widersprüchen? Was sucht Simone Weil wenn sie sich dem Christentum zugehörig, aber dem Judentum verpflichtet fühlt? Welchen Gewinn zieht sie daraus, als Intellektuelle in die Arbeiterwelt einzusteigen? Warum negiert sie ihr Frausein und ihren Körper und sucht den Hunger als Weg der Inkarnation? Warum ist es ihr wichtig, einen vorchristlichen Messias dem Christus gegenüberzustellen?

Was sich in diesen Punkten als Widerspruch zeigt, soll nicht aufgelöst werden, sondern auf den ihm zugrundeliegenden Grundkonflikt hin hinterfragt werden. Denn wie Simone Weil selber schreibt, ist der Widerspruch der Zugang zur Wirklichkeit:

> „Wenn ein Widerspruch eine Sackgasse ist, die außer durch eine Lüge, in keinem Fall umgangen werden kann, dann wissen wir, daß er in Wirklichkeit eine Tür ist."[130]

Um die Wirklichkeit aber, um das also, was nicht der Einbildung und dem Bereich der Illusion unterliegt, geht es Simone Weil. Der Gedanke der Wirklichkeit zieht sich durch ihr gesamtes Werk. Ihre Auseinandersetzung mit Déscartes in ihrer Diplomarbeit zeugt von der bereits in den frühen Studienjahren stattfindenden Frage, was überhaupt als wahr und echt, eben als wirklich zu bezeichnen sei. Dabei geht diese Frage nicht in die Richtung, dass sich gewisse Dinge als wirklich in einem substanzhaften Sinn zeigen sollen, noch in jene, dass eine sich außerhalb dieser Welt befindende Ideenwelt ausfindig zu machen sei. Vielmehr muss es vom Leben und den Gedanken Simone Weils um eine Existenzweise gehen, innerhalb derer konkretes Leben und Gedankenwelt miteinander in Beziehung treten. Wirklichkeit ist in diesem Sinn das Zusammentreffen von dem, was begrenzt und dem, was die Begrenzung aufhebt.

In allen Konfliktsituationen, in denen sich Simone Weil bewegt, zeigt sich dieser Zusammenhang als ein widersprüchlicher: Der Mensch steht zwischen dem, was sich unabänderlich zeigt und seiner Freiheit, dieser Unabänderlichkeit ge-

---

[130] Cahiers IV, S.267

genüberzustehen. Damit stellt sich das Problem: Gibt es eine Möglichkeit, innerhalb der Notwendigkeit der Wirklichkeit überhaupt frei zu leben? Die Bedeutung der Freiheit (wenn sie nicht im idealistischen Sinn als ein Absolutum gedacht wird) ist wesentlich für eine Rede vom Menschen überhaupt. Freiheit ist ein Existenzial des Menschen. Doch wie ist diese Freiheit zu definieren und wie verhält sie sich zu den Gegebenheiten, die notwendig, gleichsam schicksalhaft vorhanden sind?

Wenn Simone Weil also stets an Grenzen stößt, die auf die Notwendigkeit hinweisen (Hunger, Körper, Religion, Status), so zeigt sie gerade durch ihren Widerstand gegenüber diesen Notwendigkeiten das Existential der menschlichen Freiheit auf. Notwendigkeit und Freiheit stehen in einem widersprüchlichen Verhältnis zueinander. Es soll im folgenden deswegen darum gehen, den Aussagegehalt dieses Widerspruchs innerhalb menschlichen Lebens zu analysieren. Der Konflikt von Notwendigkeit und Freiheit zeigt sich dabei als ein Widerspruch, der Wirklichkeit nicht nur kontrastiert sondern konstituiert.

2.1 Notwendigkeit ist die Unverfügbarkeit des Lebens[131]

Die Notwendigkeit ist für das Universum das, was die Freiheit für den Menschen ist.[132] Sie ist das unabänderliche Gesetz des Universums, das Unverfügbare. In dieser Bestimmung als unfassbares und damit unendliches Geschehen ist jedoch gleichzeitig seine Begrenztheit enthalten, denn die Notwendigkeit ist als Gesetz des Universums eingebettet in dessen Gesetze. Es ist gerade im Ge-

---

[131] Zum Begriff der Notwendigkeit bei Simone Weil siehe u.a. folgende Veröffentlichungen:
Allen, Diogenes/ Springsted, Eric O.: Spirit, Nature, and Community, S. 33-93; Blech-Lidolf, Luce: La pensée philosophique et sociale de Simone Weil, S. 181-184; Devaux, André-A.: Liberté et nécessité, in: Kahn, Gilbert: Simone Weil. Philosophe, Historienne et Mystique, S.301-311; Di Nicola Giulia P.: Le mal et la nécessité, S.123-142; Di Nicola, Giulia P./Danese, Attilio: Simone Weil abitare la contradizione, S. 303-352; Goldschläger, Alain: Simone Weil et Spinoza, 158-166; Idinopulos, Thomas A.: Necessity and Nihilism in Simone Weil's Vision of God, in: Idinopulos, Thomas A./ Zadovsky Knopp, Josephine (Hrsg.): Mysticism, Nihilism, Feminism, S.16-36; Kahn, Gilbert: Le sentiment de la nécessité, S.269-275; Kempfner, Gaston: La Philosophie mystique de Simone Weil, S.87-118; Müller Hadwig: Die Lehre vom Unbewußten und der Glaube an Gott, S.147-184; Springsted, Eric O.: Théorie weilienne et théorie platonicienne de la nécessité, S.139-148; Wicki-Vogt, Maja: Simone Weil. Eine Logik des Absurden, S.108-116; Winch, Peter: Le nécessaire et le bien, in: Kahn, Gilbert: Simone Weil. Philosophe, Historienne et Mystique, S.313-328; Winch, Peter: The just balance, S.60-76; Zamboni, Chiara: Interrogando la cosa, S.233-263;
[132] Kempfner, Gaston: La Philosophie mystique de Simone Weil, S.87

gensatz zum Guten das innerweltliche Prinzip, das durch seine kosmologische Struktur der Begrenztheit unterliegt[133]. Im Prinzip der Notwendigkeit ist der Mensch dem Unverfügbaren der Welt ausgesetzt und bringt diese Welt gleichzeitig in einer Neuschöpfung stets wieder hervor,[134] indem er selber zur Notwendigkeit wird. Dieses widersprüchliche Geschehen ist grundgelegt in einer Erkenntniskritik, in der der Mensch von seiner illusorischen Ich-Zentrierung Abschied nimmt, um sich in Freiheit der Ordnung des Kosmos zu unterwerfen.[135] Die Unterwerfung aber ist die Geburt seiner selbst als Kosmos. Unverfügbarkeit und Begrenztheit machen die Notwendigkeit aus, sie bedingen und widersprechen sich. Die Akzeptanz der Kontingenz, die durch das Unverfügbare der Notwendigkeit provoziert wird, wird von Simone Weil theologisch gedeutet. Im Begriff der décréation Gottes begründet sie die unbegreifbare Struktur der Notwendigkeit, die vom Menschen als Erfahrung nicht verstanden wohl, aber nachvollzogen werden kann.

Die Notwendigkeit hat entsprechend seiner Unbegreiflichkeit und Unabänderlichkeit einen desillusionierenden Charakter, der Erkenntnis, Wissenschaft und Gesellschaft einer Kritik unterzieht. In allem geht es um die Wirklichkeit, wie sie sich zeigt, als Spannungsverhältnis von Unendlichkeit und Endlichkeit. So verhindert das Prinzip der Schwerkraft ohne Gnade die Erkenntnis[136], Denken ohne Handeln wissenschaftliches Arbeiten und Idealismus bzw. Totalitarismus ohne Realismus eine menschengerechte Gesellschaft. Die Notwendigkeit ist der Prüfstein, an dem sich diese Verhältnisbestimmungen ausrichten.

---

[133] Der Abstand zwischen dem Guten und dem Notwendigen ist eine unaufhebbare Distanz. Nach Simone Weil ist dieser Abstand derjenige zwischen dem Schöpfer und dem Geschöpf (SUG, S.146). Das Notwendige aber ist der Schleier Gottes (ebd., S.145). Das Notwendige verweist also auf das Gute, steht aber doch in einem unendlichen Abstand zu diesem. Allerdings ist der Schleier als Abwesenheit Gottes eine indirekte Zugangsweise zum Guten. Das Gute ist im Notwendigen gleichsam versteckt in der Erfahrung seiner Nicht-Präsenz.

[134] Kühn, Rolf: Deuten als Entwerden, S.99

[135] Wicki-Vogt schreibt hierzu: „Und da diese Ordnung als vermittelndes Wirken identisch ist mit ihrem Ergebnis, besteht Einklang und Übereinstimmung zwischen dem äußern und dem innern, zwischen dem sichtbaren und dem verborgenen Gefüge der Welt. Daher ist für Simone Weil die Ordnung der Welt Inkarnation des Göttlichen, ‚un être, l'ordre du monde, qui a pour corps le monde et pour âme la perfection'[239]?" (dies.: Simone Weil. Eine Logik des Absoluten, S.109, mit einem Zitat von Simone Weil aus CS.) Der Identität geht allerdings zunächst eine Differenz voraus, die sich auf die Identität auswirkt. Denn erst die erkannte Differenz als Verzicht auf die eigene Person ermöglicht eine Identität mit der Materie des Universums, die diese wiedergebiert.

[136] Der Erkenntniskritik, die Simone Weil hier vornimmt entspricht im umgekehrten Sinn die Erkenntnisfähigkeit als Aufmerksamkeit, wie ich sie in Teil III dieser Arbeit darstelle. Im Wesentlichen vergleichen lässt sich die Erkenntniskritik Simone Weils anhand der Methode ihres Philosophierens: „'Philosophieren heißt sterben lernen.'[88]" (Cahiers I, S. 345, mit einem Zitat aus Platon: Phaidon, 64a)

2.1.1 Die Wirkung der Schwerkraft

Gustave Thibon[137], dem Simone Weil einen großen Teil ihrer Manuskripte anvertraute, hat eine selektive Zusammenstellung ihrer Gedanken unter dem Titel „La pesanteur et la grace"[138] veröffentlicht. In seinem ausführlichen Vorwort gibt Thibon sowohl eine Einführung in Leben und Werk Simone Weils als auch eine Begründung für den von ihm gewählten Titel des Buches. Demnach ist für Simone Weil das konstitutive Weltgesetz das der Schwerkraft:

> „Das Zentralgesetz dieser Welt, aus der sich Gott durch seinen Schöpfungsakt selbst zurückgezogen hat, ist das Gesetz der Schwerkraft, das sich analog in allen Schichten der Existenz wiederfindet."[139]

So ist für Simone Weil das menschliche Leben, Körper und Seele, in allem den

> „Gesetzen unterworfen, die denen der stofflichen Schwerkraft"[140]

entsprechen.

Das Wort „Schwerkraft" wird also gebraucht in Analogie, in dem das physikalische Gesetz auf alle Existenzformen übertragen wird. Als herunterziehende Po-

---

[137] Gustave Thibon, ein Freund von P.Perrin, wurde von diesem im Juni 1941 mit der Bitte angegangen, Simone Weil bei sich auf dem Landgut Saint-Marcel für eine Zeit aufzunehmen. Simone Weil hatte den Gedanken, die Landarbeit näher kennen zu lernen und suchte für dieses Ziel eine Gelegenheit. Perrin fragte bei seinem Freund Thibon an. Nach kurzem Zögern sagte Thibon zu und wenig später traf Simone Weil bei ihm ein. In der Zeit, die sie in Saint-Marcel bei dem Ehepaar Thibon verbrachte, entspann sich zwischen dem Philosophen und der Philosophiedozentin eine Freundschaft, geprägt von vielen religiös-philosophischen Gesprächen. Thibon bezeichnet diese Begegnung mit dem anstrengenden Gast als die schönste seines Lebens. Es bestand eine Gedankenverwandtschaft, in der Simone Weil oftmals etwas ausdrückte oder beschrieb, für das Thibon zuvor noch keine Worte gefunden hatte. Simone Weil überließ ihm vor ihrer Emigration in die USA ihre Cahiers, in dem Bestreben, er solle ihre Gedanken zu den seinen machen, um die ihrigen dann zu verwerfen. So schrieb sie an Thibon:
„'Vous me dites que dans mes cahiers vous aviez trouvé, en plus des choses que vous aviez pensées, d'autres que vous n'aviez pas pensées, mais que vous attendiez; elles vous appartiennent donc, et j'espère qu'après avoir subi en vous une transmutation, elles sortiront un jour dans un de vos ouvrages.'" (Thibon, Gustave: Au soir de ma vie, S.116)
1964 erhielt Thibon den großen Preis für Literatur der Academie française für seine Veröffentlichungen der Werke Simone Weil's. Mauriac sagte damals in seiner Festrede: „'Je voterai pour l'homme qui nous a révélé Simone Weil.'" (ebd.,S.117)

[138] Weil, Simone: La pesanteur et la grace;
Die von mir verwendete Ausgabe stammt aus dem Jahr 1988. Im Deutschen ist das Werk erschienen unter dem Titel: Schwerkraft und Gnade, 1952, mit einem Vorwort von Gustave Thibon. Dieses Vorwort fehlt in der dritten Auflage von 1981 und enthält dafür ein Nachwort des Übersetzers Friedhelm Kempf.

[139] Vorwort zur ersten Ausgabe 1952, S.27

[140] SUG, S.9

tenz ist die Schwerkraft eine Abwärtsbewegung zum Niedrigen, was für Simone Weil die Zustände und Gegebenheiten dieser Welt in ihrer Begrenztheit meint. Niedrig ist in diesem Sinn alles, was rein innerweltlich gedacht, erlebt und gelebt wird.[141] Dies betrifft Hunger und Durst, sowie Lust und auch Schmerz, Gewalt und Leiden. Im Sinne der Schwerkraft handelt, wer sich innerhalb der weltlichen Dimension bewegt, ohne in seinem Handeln über sich hinaus auf eine andere Ebene zu wechseln.[142]

Die Schwerkraft ist die Energie im Menschen, sich zu behaupten, zu existieren, zu überleben.[143] Insofern stellt sie als Kraft auch eine Macht dar. Alles Denken und Handeln richtet sich nach dem Ziel, die Macht des eigenen Lebens zu erhalten und nicht im Lebenskampf zu unterliegen. Die Schwerkraft ist ein Lebenserhaltungstrieb des eigenen Ego und sie wird zur maßgeblichen Lebenshaltung, wenn dieses Ego nicht hinterfragt wird. Die Erkenntnis dessen, was notwendig ist, befreit aus dem Zustand der Schwerkraft. Wer in der Perspektive der Schwerkraft verbleibt, kann nicht zu einem befreiten Leben finden, weil sie/er nicht unterscheidet zwischen dem, was notwendig und dem, was nicht notwendig ist.

---

[141] Mit „niedrig" ist keine Abwertung, sondern allenfalls eine Ortsbestimmung gemeint. Simone Weil spricht selber zur Unterscheidung von Immanenz und Transzendenz von „unten" und „oben". (SUG, S.13) Niedrig im abwertenden Sinn ist die Schwerkraft nur, wenn sie absolut gesetzt wird und somit der Verhältnisbestimmung menschlichen Lebens zwischen unterschiedlichen Bereichen nicht mehr gerecht wird.

[142] In ihren Ausführungen gibt Simone Weil zwei Beispiele, die diesen Vorgang plastisch schildern. Sie beschreibt in beiden die Tatsache, dass es leichter ist, um eines niedrigen Zieles willen zu leiden als um eines höheren willen: „[die Leute, die, ohne sich vom Fleck zu rühren, von ein Uhr nachts bis acht Uhr morgens anstanden, um ein Ei zu bekommen, wären hierzu schwerlich zu bewegen gewesen, wenn es sich um die Rettung eines Menschenlebens gehandelt hätte]" (SUG, S.10)
Und in einem weiteren Beispiel schildert sie ihren Zustand während der unerträglichen Kopfschmerzen:
„Nicht vergessen, daß ich während meiner Kopfschmerzen in gewissen Augenblicken, wenn die Krise anstieg, von dem heftigen Verlangen erfüllt war, einem anderen Menschen Schmerz zuzufügen, indem ich ihn genau auf die gleiche Stelle der Stirn schlüge. Wünsche dieser Art sind sehr häufig unter den Menschen. In diesem Zustand bin ich zu wiederholten Malen zumindest der Versuchung erlegen, verletzende Worte zu sagen. Das heißt der Schwerkraft gehorchen." (SUG, S.11)

[143] Die Schwerkraft ist das Prinzip des „Habens", indem der Mensch an Dinge oder Menschen verhaftet ist. Seine Wirklichkeitswahrnehmung richtet sich nach seinem „Ich". (Vgl. Müller, Hadwig: Die Lehre vom Unbewußten, S.165)

2.1.1.1 Das ent-fesselte Ich

Die Behauptung der eigenen Existenz ist für Simone Weil die wesentliche Wirkung der Schwerkraft. Sie äußert sich vor allem in der Sichtweise der eigenen Person als „Ich"[144]. Indem der Mensch versucht, sein „Ich" zu behaupten, erliegt er der Illusion, dieses „Ich" könnte eine Wirklichkeit, eine Realität darstellen. Diese Wirklichkeit ist aber nur eine Scheinwirklichkeit. Simone Weil führt in der Analyse des Ich-Begriffs die Unterscheidung von Je und „Moi", von Ich und „Ich" ein. Das „Ich" spiegelt die Erfahrung des Menschen wieder, in der er „Ich" sagt und doch nur eine Fassade meint. Dieses „Ich" ist eher durch das Wort Ego zu ersetzen, da es die Ich-Zentriertheit und den Egoismus des Menschen meint, der glaubt, in seiner Person das ganze Universum erkennen zu können.[145] Das Ego wird also zu dem Punkt, der als Kriterium für alles andere steht, nach dem sich alles anordnet und richtet.[146]

---

[144] Ich unterscheide in der Schreibweise „Ich" und Ich. Das „Ich" entspricht dem Ego, der Persönlichkeitsstruktur also, die als Ego wesentlich um die eigene Existenz besorgt ist. Dieses „Ich" ist ein uneigentliches „Ich", denn es entspricht nicht der Bestimmung des Menschen. Das Ich dagegen ist dasjenige Persönlichkeitsmerkmal, das als wahr, weil wirklich zu bezeichnen ist. Es orientiert sich, nach Simone Weil, nicht an der Schwerkraft dem (Selbsterhaltungstrieb), sondern an der Notwendigkeit, die offen ist für unterschiedliche Perspektiven.

[145] Mac Lane, Betty: Les Premières idées de Simone Weil sur la perception: Simone Weil et Jean-Paul Sartre, S.27; Mac Lane weist außerdem daraufhin, dass Simone Weil unterscheidet zwischen "ressentir" und "connaître". "Ressentir" meint eine passive, illusorische Wahrnehmung, wohingegen "connaître" eine aktive persönliche Erfahrung verdeutlicht. „Connaître" entspricht der Erkenntnis der eigenen Determination durch das Moi. (ebd., S.28/29)

[146] Die französische Unterscheidung von *Je* und *Moi* gibt bereits eine Differenzierung vor, die das Deutsche vergleichbar in der Unterscheidung von *Ich* und *Selbst* enthält. Das *Moi* wie das *Selbst* ist nicht das eigentliche Subjekt, sondern das „Ich" im objekthaften Sinn, im Objektstatus, also etwas, was zugleich in Distanz zum eigentlichen Ich steht und dieses nicht meint. Dieses „*Moi*" muss, nach Simone Weil, zerstört werden, damit das *Je* ans Licht treten kann.
Diese Unterscheidung findet sich vielfach in der Mystik. Sie beschreibt den Weg des glaubenden Menschen, zu seinem eigentlichen Selbst vordringen zu wollen. Thomas Merton bspw. bringt die Terminologie vom „wahren" und „falschen" Selbst. (Vgl. Merton, Thomas: Seeds of contemplation.)
Simone Weil differenziert zudem beim „*Je*" (Im Subjektstatus, jedoch inhaltlich als Schein-Ich definiert), indem sie das unwirkliche „Ich" in Anführungsstriche setzt: „Le péché en moi dit 'je'." (PG, S.40)
Mit dieser Differenzierung beschreibt sie den Umstand, indem jemand „Ich" sagen kann und dennoch keinerlei Vorstellung von der wahren Existenz dieses „Ich" hat. Die Täuschungen und Illusionen, die wir uns von unserem „Ich" machen, führen dazu, dass wir selber nicht unterscheiden können, wann wir wirklich sprechen oder ein aufoktroyiertes *Selbst* redet.

Die größte Illusion des Menschen besteht darin, zu meinen, sein „Ich" hätte die Macht zu seiner eigenen Existenzbegründung.[147] Zu diesem Trugschluss kommt der Mensch, wenn er allein im Bereich der Schwerkraft bleibt. Es ist quasi die Schlüsselfunktion der Schwerkraft, dass der Mensch die Kraft der Schwere als eine Allmacht seiner Existenz umdefiniert. Demnach gilt hier das als „Ich"-haft, was der Selbsterhaltung dient und zu ihr beiträgt. Dieses „Ich", das nur auf die eigene Behauptung aus ist, stellt ein a-relationales „Ich" dar, ein „Ich", das nur zu sich in Beziehung steht. Autonomie, Selbsterhaltung, Selbstdarstellung sind Ausdrücke, die in ihrer Eindimensionalität dieses „Ich" kennzeichnen. Illusorisch ist dieses „Ich" deswegen, weil es sich selbst setzen will. Der Trugschluss des „Ich" besteht gleichsam darin, dass es die Wirkung der Schwerkraft nicht wahrnimmt, sondern aufgrund seiner illusorischen Aktivität nicht der eigentlichen Passivität gewahr wird. Das „Ich" unterwirft sich ganz der Schwerkraft, indem es diese Kraft verinnerlicht, sich selber als Bestandteil dieser Kraft überlässt. Dadurch ist eine Distanz, ein Widerstand gegen die Schwerkraft nicht mehr möglich und das Gesetz der Schwerkraft bestimmt die gesamte Existenz des „Ich" - ohne dass dies erkannt wird. Der Mensch meint sich zu behaupten, sich am Leben zu erhalten und erliegt doch nur dem Schein einer Illusion.

Es gibt jedoch Erfahrungen im Leben, die diese Form der scheinbaren Selbstmanifestation ins Wanken bringen und damit dem „Ich" die Maske der Illusion entreißen. Eine dieser Erfahrungen ist das Unglück:

> „Nichts ist schlimmer als das äußerste Unglück, welches das Ich von außen zerstört, denn von nun an kann man es nicht mehr selber zerstören."[148]

Die Erfahrung des Unglücks in Krankheit, Leid, Tod, Schmerz verursacht also die Zerstörung der Illusion, deren Inhalt die Behauptung war, das „Ich" könne selber über die Gesetze der Welt verfügen.[149] Im Unglück wird diese Illusion zerstört bis auf die Wurzel, denn selbst die Meinung, man könne sich selbst zerstören, wird nun ad absurdum geführt. Das Unglück wird vom Menschen nicht selbst herbeigeführt, nicht gewünscht. Es tritt ein, ohne dass der Mensch sich ihm entziehen kann. Das Unglück

---

[147] Di Nicola, Giulia/ Danese, Attilio: Simone Weil. Abitare la contradizione, S.316
[148] SUG, S.39
[149] Wie ich in Teil II, Punkt 2 zeigen werde, ist die Wirkung des Unglücks auf den Körper von Bedeutung. In der Begegnung mit dem Unglück, das sich dem Körper einschreibt, verändert sich die Erkenntnis. Das körperliche Empfinden verändert die Wahrnehmung der Welt. Hier ergeben sich Ähnlichkeiten zum „Lektürebegriff" Simone Weils, in dem sie das Verhalten des Menschen gegenüber der Wirklichkeit als „Lesen" oder „Travail de signification" bezeichnet. Alle Berührung mit der Wirklichkeit ist für Simone Weil „Lesen". Dieses Lesen aber macht den Bezugscharakter deutlich, in der die Welt menschlich verstanden werden will. Das „Lesen" der Notwendigkeit ist ein Bezugsgeschehen, es verbindet Körper und Geist.

befällt den Menschen ohne Grund und ohne Vorwarnung.[150] An diesem Punkt der Desillusionierung bemerkt der Mensch:

> „Die Qual des äußersten Unglücks ist die Zerstörung des Ich von außen."[151]

Diese Erkenntnis ist gleichzeitig eine Erkenntniskritik, denn sie stellt die bisherigen Wahrnehmungskriterien infrage. Diese Desillusionierung ist verbunden mit einem Schmerz, in dem sich der Mensch auflehnt, aufbäumt gegen die Zerstörung. Simone Weil nennt diesen Schmerz einen erlösenden Schmerz, weil nun alle vorher als wirklich angesehenen Bindungen und Bestrebungen dem Nichts preisgegeben sind[152], um so das Ich hervortreten zu lassen, das nicht von selbst ausgesagt werden kann:

> „Wird das Ich von außen verletzt, so bäumt es sich zuerst mit der äußersten Heftigkeit und Erbitterung auf wie ein Tier, das sich wehrt. Ist das Ich aber einmal halb gestorben, so ersehnt es den Gnadenstoß und versinkt in stumpfe Bewusstlosigkeit. Wird es in dieser Verfassung durch eine Berührung der Liebe geweckt, so empfindet es einen äußersten Schmerz, der sich

---

[150] Diese Definition des Unglücks findet Simone Weil u.a. im Buch Hiob, das sie sehr schätzt. Auch die arabische Erzählung von Mussa bringt den gleichen Gedankengang des Unglücks.
Mussa, ein reicher Mann, der als Sklave gefangengehalten werden soll, erfährt von einem Araber viel Gutes. Selbst die Ermordung des Arabersohnes durch Mussa wird ihm verziehen. Obendrein beschenkt der Araber trotz dieses Vergehens Mussa mit seiner Tochter. Mussa kann diese Handlung nicht begreifen: „'Ich habe ihm Böses getan, und er hat mir immer mit Gutem geantwortet. Ich weiß nicht mehr, was ich tun soll. Ich kann ihn nicht mehr am Leben lassen. Ich muß ihm folgen, ich muß ihn töten.'" (Cahiers I, S.170)
Die Erfahrung des Guten wie des Unglücks löst im Menschen einen Schmerz aus, den er nicht ertragen kann. Dieser Schmerz ist die Erkenntnis des eigenen Wesens. Insofern kann sogar das Gute, das an einem geschieht noch unerträglicher sein als ein erfahrenes Unglück. Denn das Gute offenbart in noch „grausamerer", d.h. deutlicherer Weise, wie entstellt der Mensch lebt. Es ist der Hinweis auf die eigene Selbstentfremdung im „Ich".

[151] SUG, S.44

[152] Kühn, Rolf: Deuten als Entwerden, S.124; Kühn verdeutlicht, dass für Simone Weil in ihren frühen Schriften der Schnitt zwischen *Je* und *Moi* von äußerster Bedeutung war, sie diesen gar als das letzte Ziel jeglicher Existenz veranschlage. (ebd., S.138) Kühn setzte das *Moi* mit dem empirischen oder psychologischen Ich gleich, das *Je* mit dem transzendentalen Ich: „Die jedem Akt- und Objektbewußtsein zugrundeliegende formale Subjekteinheit gründet nun in jenem Bewußtsein, welches das Subjekt von seinem Selbst als einem auch empirische Veränderungen begleitenden ‚Ich denke' haben kann. Das Denken ohne das ‚Moi', eben das ‚Je' wäre demgemäß in Richtung auf Kants transzendentales Ich hin auszulegen, das selbst nicht von außen gegeben sein kann, weil seine Funktion gerade in der Verbindung der erscheinenden Gegenstände gesehen wird." (ebd., S.141)

als Zorn und bisweilen als Haß gegen den richtet, der diesen Schmerz hervorgerufen."[153]

Das Ich, das nun hervortritt, ist kein „Ich" im herkömmlichen Sinn. Es kann nicht beurteilt werden nach Ansehen, Macht oder Gegenständen. Kein bisheriges Kriterium gilt für dieses andere Ich, es ist nicht definiert durch die Gesetze der Schwerkraft, nicht aus sich selbst begründbar. Es ist sozusagen ent-fesselt von den Bindungen, die es bisher bestimmten. Doch wird diese Ent-Fesselung nicht im gleichen Moment als Befreiung empfunden, sondern als Schmerz.[154] Dieser Schmerz besagt zunächst, dass in jenem Wörtchen „Ich" keine Ursache für die eigene Existenz liegen kann. Diese Wahrnehmung der eigenen Nicht-Begründbarkeit ist also gleichzeitig eine Erkenntnis der eigenen Begrenztheit. Und so scheint es, dass auf die Ent-Fesselung neue Fesseln entstehen. Das Ich kann sich nicht selbst bestimmen bzw. es erkennt nur den Rahmen innerhalb dessen über es verfügt wird. Dieser Rahmen und seine Strukturen sind das, was Simone Weil mit Schwerkraft bezeichnet. Die Erfahrung des ent-fesselten Ich bringt also die Erkenntnis der Schwerkraft mit sich.[155] Was hier als Schmerz erfahren wird, ist das, was der Mensch als Erniedrigung erfährt, seine Ohnmacht innerhalb der ihm gesetzten Grenzen. Doch ist diese Degradierung durch die Schwerkraft als Erniedrigung gleichzeitig ein Aufstieg:

„Sich erniedrigen, heißt hinsichtlich der geistigen Schwerkraft steigen. Die Schwerkraft des Geistes läßt uns nach oben fallen."[156]

Wenn das Ich einwilligt in seine Situation und seine Selbstbehauptung als Illusion preisgibt, stellt sich ein Aufstieg ein. Die Erkenntnis der eigenen Begrenztheit ist zugleich der Verweis auf das Unbegrenzte: Auf Gott. Sie beinhaltet also die Akzeptanz, „daß Gott alles sei".[157] Die Desillusionierung bringt eine gleichzeitige Relativierung der Welt mit sich. Denn das Ich versteht durch die Wirkung des Unglücks, dass es nicht über die Schwerkraft verfügen kann, son-

---

[153] SUG, S.46
[154] Dieser Schmerz unterscheidet die Ent-Fesselung des Ich von dem Vorgang der „décréation" (der Ent-schaffung, s.u.). Denn der Mensch empfindet hier seinen Verlust an Prestige als Schmerz der eigenen Selbstentfremdung. Erst die Einwilligung in diesen Prozess ist der Schritt der décréation.
[155] Innerhalb der Schwerkraft kann der Mensch nicht erkennen, ob er mit deren Gesetzen selbst identisch ist.
[156] SUG, S.13
[157] SUG, S.40
Die Unterscheidung zwischen weltlicher und geistiger Schwerkraft ist in Entsprechung zu denken. Das, was im weltlichen Sinn einer Degradierung entspricht, weil der Mensch hier seinen Ich-Wahn erkennt und jegliche Unterordnung als Erniedrigung erfährt, ist auf geistiger Ebene ein Aufstieg. Denn jegliche Erkenntnis des eigenen Unvermögens ist hier eine Bewegung hin zur Wirklichkeit der eigenen Person. Die geistige Schwerkraft als Relativierung des eigenen Vermögens ist damit Gnade.

dern ganz im Gegenteil der Schwerkraft gänzlich unterworfen ist. Diese Erfahrung des völligen Ausgeliefertseins ist die Erfahrung der eigenen Leere, des inneren Nichts.[158] Das eigene Nicht-Sein ist die Erkenntnis der Täuschung. Für Simone Weil bleibt diese Spannung bestehen, macht sogar die Existenz des Menschen aus. Es gibt immer die Möglichkeit der Illusion und das darin enthaltene Nicht-Sein des Menschen.[159] Zum Nicht-Sein gehört also fundamental nochmals die Entzogenheit einer sicheren Erkenntnis dazu. Nur die Illusionsmöglichkeit bleibt, die eine gesicherte Erkenntnis der eigenen Existenz verhindert.

So wie das Ich sich zunächst als leer, als Nichts empfindet, weil andere Kriterien zur Beurteilung der eigenen Existenz wegfallen, so ist auch die Anwesenheit Gottes nicht Präsenz im Sinne der Schwerkraft als Omnipräsenz und Omnipotenz, sondern als Allgegenwärtigsein in Abwesenheit.[160] Gott ist nichts im Sinne der „Sichtbarkeit", Dingbarkeit, Definierbarkeit, im Sinne also der Schwerkraft. Gott ist andererseits alles im Sinne einer „Unsichtbarkeit", die sich nicht an Dingen oder Orten festmachen lässt. Der Modus der Abwesenheit bedeutet eben nicht, dass keine Anwesenheit da ist. Nur ist diese Anwesenheit nicht so zu sehen wie die Abwesenheit es suggeriert. Genauso wird auch die Zerstörung des „Ich", wenn sie eintritt, als Abwesenheit empfunden. Jedoch ist das Ich anwesend, das wirkliche Ich. Seine Anwesenheit aber wird zunächst schmerzvoll als „Nichts" empfunden, weil sie mit den Augen der Schwerkraft betrachtet wird. So ist das Ich zwar durchaus anwesend, wird aber als abwesend angenommen. Das, was alles ist, scheint hier nichts zu sein.

Die Schwerkraft ist für Simone Weil das Gesetz, dem alles unterworfen ist. Doch gibt es auch die entgegengesetzte Kraft, die nicht nach „unten" zieht, sondern nach „oben": Die Gnade. Gnade wird von Simone Weil benannt mit dem Wort Licht. Damit bleibt sie im innerweltlichen Rahmen und definiert Gnade nicht als eine rein transzendente Größe. Das Licht ist ein stoffliches Prinzip, ebenso wie die Schwerkraft:

---

[158] „Gott hat mich geschaffen als ein Nicht-Sein, das zu existieren scheint, damit, indem ich aus Liebe auf diese scheinbare Existenz verzichte, die Fülle des Seins mich vernichtige. Gott hat mich erschaffen als ein Nichtsein, das zu sein scheint, damit ich, indem ich aus Liebe auf dieses mein vermeintliches Sein verzichte, aus dem Nichts herausgelange. Dann gibt es kein ‚ich' mehr. Das ‚ich' ist Nichts. Aber ich habe nicht das Recht, dies zu wissen. Wüßte ich dies, wo wäre der Verzicht? Ich werde es niemals wissen." (ZG, S.231)

[159] Hadwig Müller benennt diese Spannung im Menschen als diejenige zwischen Geschöpflichkeit und imaginärer Göttlichkeit. (Müller, Hadwig: Die Lehre vom Unbewußten, S.149)

[160] „Denn die Abwesenheit Gottes ist der Modus der göttlichen Anwesenheit" (SUG, S.40)

„Zwei Kräfte herrschen über das Weltall: Licht und Schwere."[161]

Beide Kräfte sind maßgeblich für das Leben des Menschen. Ihre Bedeutung wird bspw. deutlich im Verhältnis von Individuum und Kollektiv. Das Kollektiv ist gleichsam das Ausdrucksmittel der Schwerkraft schlechthin.[162] Das Kollektiv, die Meinung der Vielen, die Bewegung der Masse, die Ideologie der Religion oder Politik, richtet sich nach dem, was ein Mehr an Macht und Einfluss für eine Idee bedeutet. Dieser Maßstab aber ist der, welcher der Schwere entspricht, denn das ganze Bemühen richtet sich darauf, dass ein Projekt, eine Idee (unter welchem Namen auch immer) mehr Gewicht erhält. Dem Kollektiv ordnen sich die Individuen unter oder werden untergeordnet, doch dieses „Verschwinden" in der Masse wird nicht als ein Ich-Verlust empfunden, sondern als ein „Mehr an Wirklichkeit". Die Übereinstimmung von Meinung und Ziel schafft, nach Simone Weil, immer das Gefühl von Wirklichkeit. Dies ist jedoch nur ein Gefühl. Tatsächlich aber erliegen die Einzelnen einem Schein, einer bloßen Imitation der Gnade[163], indem sie die Macht der Vielen mit ihrer eigenen gleichsetzen. Die Instrumentalisierung der Einzelnen erscheint unter der Maske der Machtzunahme des Kollektivs.

Dagegen spiegelt das Licht die gegenläufige Kraft wider. Vom Licht zu leben, bedeutet für Simone Weil, transparent zu sein für das, was die eigene Person

---

[161] SUG, S.9

[162] „Aller Götzendienst gilt dem Kollektiv; dieses fesselt uns an die Erde." (ebd., S.215)
Das Kollektiv wird von Simone Weil betitelt mit dem Namen „Das große Tier", in Anlehnung an Platon, Politeia VI.Buch. Das „Große Tier" ist die Meinung der Vielen, die Bewegung der Masse. Simone Weil hat sich mehrfach mit diesem Phänomen auseinandergesetzt, das ihres Erachtens in der Gestalt der modernen politischen Massenbewegungen erfahrbar wird. Die Analyse der Schwerkraft des „Ich" ist also nicht nur eine fromme Arbeit an der eigenen Persönlichkeit, sondern eine Entlarvung der Unterordnung des eigenen „Ich" unter andere Meinungen. Die Gefährlichkeit dieses Vorgangs liegt eben gerade darin, dass das „Ich" seine Vereinnahmung durch die Schwerkraft überhaupt nicht wahrnimmt. Insofern ist die von Simone Weil beschriebene Zerstörung der eigenen ich-zentrierten Illusionen eine höchst politisch wirksame Arbeit. In ihr wird Widerstand geleistet gegen ein System der eigenmächtigen Politik. Nur wer die Relativität der eigenen Macht erkennt (im Sinne der eigenen Begrenztheit), kann Widerstand leisten gegen totalitäre Machtsysteme. (Zur Literatur siehe u.a.: Moulakis, Athanasios: Simone Weil und das „Große Tier", in: Schlette, Robert/ Devaux, André (Hrsg.): Simone Weil. Philosophie, Religion, Politik, S.252-260)
Die Gesellschaftskritik von Simone Weil impliziert eine Umgestaltung der Arbeitsbedingungen: „Die Organisation der Gesellschaft muß nach Weil als die Ermöglichung dieses fundamentalen Bezugs der Einzelnen zum Universum aufgefaßt werden, der sich vornehmlich in der Arbeit realisiert." (Kühn, Rolf: Deuten als Entwerden, S.94) Der Begriff der Arbeit aber ist für Simone Weil gekoppelt an die Kritik gegenüber der Wissenschaft, die Denken und Handeln auseinanderdividiert.

[163] SUG, S.219

ausmacht. Diese Transparenz aber erfordert einen Verzicht auf Macht, Ansehen etc. Deswegen tritt hier zunächst auch der Anschein eines Verschwindens des Individuums im Ganzen einer Gruppe oder gar der Menschheit insgesamt in den Vordergrund. Das „Ich" verschwindet, transparent wird das Ich.[164] Dies ist das wahre Individuum, die wirkliche Individualität, die sich von den Zwängen des Kollektivs befreit hat. Die Auflösung des „Ich" ist gleichzeitig die Ermöglichung einer Universalität, in der die Welt zu ihrem eigentlichen Sein findet. In dieser Universalität bestimmen nicht Machtkämpfe der Selbstbehauptung das Geschehen, sondern die Beziehungen von Menschen untereinander, als von ihrem falschen „Ich" befreite Individuen. Bei aller Idealisierung dieses Geschehens bleibt dennoch nicht zu vergessen, dass Simone Weil den Zugang zum Licht als eine Zerstörung des „Ich" bestimmt, als ein Auflösen der eigenen Person. Das wahre Ich tritt nicht hervor wie bei einer Geburt, vielmehr ist der Vorgang der Zerstörung und Auflösung vorrangig. Zentral ist für Simone Weil, wie sehr sich der Mensch an die Schwerkraft bindet:

„Es gibt nur ein Vergehen: daß wir nicht fähig sind, uns von Licht zu nähren."[165]

2.1.1.2 Die décréation

Den Prozess der Ablösung vom „Ich" vollzieht der Mensch nicht aus eigenem Antrieb. In ihm ahmt er die Schöpfung nach, wie Gott sie als solche angelegt hat. An dieser Stelle tritt ein für Simone Weil wesentlicher Gedanke auf: Die décréation.[166]

---

[164] Das Verschwinden des "Ich" gleicht der Abwesenheit Gottes:
„Die Abwesenheit Gottes ist das wunderbarste Zeugnis der vollkommenen Liebe, und darum ist die pure Notwendigkeit, die offenkundig von dem Guten verschiedene Notwendigkeit, so schön." (SUG, S.147)
Siehe ebenso Maja Wicki- Vogt: „Die Welt als das Erkennbare ist in ihrer Wirklichkeit nur im Licht des Nichterkennbaren erkennbar." (Wicki- Vogt, Maja: Simone Weil. Eine Logik des Absurden, S.113) Die Transparenz auf das Ich hin ist selbst wiederum nicht erkennbar. Doch diese Nichterkennbarkeit ist das Licht der Erkenntnis, die vom Uneigentlichen unterscheidet.

[165] SUG, S.12

[166] In der Forschung hat besonders Miklos Vetö den Begriff der décréation als den Hauptgedanken der Metaphysik Simone Weils herausgearbeitet. (siehe Vetö, Miklos: La metaphysique religieuse de Simone Weil). Vetö schreibt zur Begriffserklärung:
„Pour Dieu l'acte de la création ne fut pas une expansion de soi mais bien plus une renonciation ou une abdiction. Cet univers est un royaume abandonné, son prix est le retrait de Dieu et sa simple existence cause de la séparation en Dieu." (ebd., S.20) Eine neuere Arbeit dazu liegt vor von Beyer, Dorothee: Sinn und Genese des Begriffs „Décréation" bei Simone Weil. Beyer verweist auf Parallelen zur jüdischen Kabbala.

Die Ent-schaffung Gottes wird von Simone Weil in zwei Akten gesehen, in der Inkarnation und der Passion.[167] In beiden Geschehnissen hat Gott sich in Jesus Christus seiner selbst entleert, um dem Menschen die Existenz zu ermöglichen. Inkarnation und Passion sind die Schöpfung des Menschen. Indem Gott aus sich herausgeht, sich ent-äußert als Liebe, ist dem Menschen seine Existenz gegeben. Der Mensch aber soll gleichermaßen darauf antworten, die Leere Gottes nachahmen, um so wiederum zum Mitschöpfer zu werden und Gott eine Existenz zu geben:

> „Verzicht. Nachahmung des Verzichtes Gottes in der Schöpfung. Gott verzichtet - in einem Sinne - darauf, alles zu sein. Wir sollen darauf verzichten, etwas zu sein. Dies ist für uns das einzige Gut."[168]

Die Ablösung, die Loslösung vom „Ich" zeigt sich also in dem Begriff der décréation als ein Verzicht, der *freiwillig* geschieht. So wie Gott auf seine Allmacht verzichtet hat und im Kind der Krippe wie im Gekreuzigten als der ohnmächtige Gott sich offenbart, so soll auch der Mensch verzichten auf die Macht seines Selbst-Anspruches. Gott wartet auf diesen Verzicht des Menschen.[169]

Simone Weil hat sich nicht mit der jüdischen Mystik beschäftigt: „Um so erstaunlicher ist es, daß sich die Weilsche Idee vom Rückzug Gottes in der Schöpfung, dem der Rückzug des Menschen aus der Schöpfung folgen soll, in der Kabbala wiederfindet." (Beyer, Dorothee: Sinn und Genese des Begriffs „Décréation" bei Simone Weil, S. 138) Der Kabbalist Issak Luria (1536-1672) entwickelte die Theorie des „Zimzum", was soviel wie Konzentration, Kontraktion bedeutet. (ebd., S.138-144)
Dorothee Beyer zeigt auf, dass Simone Weil erst spät zu dem Begriff der décréation findet, was darauf schließen lässt, dass dieser Gedanke nicht ihr gesamtes Werk durchzieht.
Hervorragend herausgearbeitet hat den Begriff der décréation Eric O. Springsted. Springsted weist in erster Linie auf die Vergleichsmomente des Weilschen Begriffs zum Inhalt des platonischen Dialogs *Timaios* hin. Springsted, Eric. O.: Spirit, Nature, and Community, S.33-53. Interessant ist die Untersuchung von E.Gabillieri, der in seinem Artikel „Simone Weil et Gustave Thibon" die verschiedenen Ebenen der décréation unterscheidet:
1. Radikale Vernichtung des Menschen.
2. Zerstörung der eigenen Existenz, um zur Fülle zu gelangen.
3. Gehorsam des Geschöpfes vor dem Schöpfer.
4. Geburt eines neuen Menschen.
(CSW 3, 1989, S.271-75)

[167] Zur Bedeutung des Kreuzes als Gleichgewichtsmoment zwischen Gott und Welt: Kühn, Rolf: Deuten als Entwerden, S.111
[168] SUG, S.48
[169] Dorothee Beyer schreibt hierzu mit Verweis auf SUG, S.161:
„Der Mensch soll auf seine fiktive Göttlichkeit verzichten, dies ist Sinn und Aufgabe seiner ihm von Gott geschenkten Existenz."

Dieser Verzicht fällt dem Menschen nicht leicht, ja er ist sogar noch eine Steigerung gegenüber der zuvor beschriebenen Zerstörung durch das Unglück.
„Die Qual soll also noch größer sein als im wirklichen Unglück."[170]
Der selbe Gedanke wie bei der Vernichtung des „Ich" erscheint hier noch einmal in einem umfassenden Sinn, der für Simone Weil religiös definiert ist. Im Verzicht auf das eigene „Ich" ergibt sich nicht etwas Neues, Hinzugefundenes. Zunächst besitzt der Mensch nichts mehr. Es gibt nur noch die Leere der eigenen Vorstellungen, Bilder, Ideen. Zur décréation aber wird diese Erkenntniskritik, wenn die Ent-Leerung in Freiheit angenommen wird.[171] Gott ist das Gute und hat aus Liebe auf sein Alles-Sein verzichtet, um so zum ohnmächtigen, schwachen, leidensfähigen Gott zu ent-werden.[172] Die Leere, der Abstand, den Gott in sich selbst erfährt, durch die Schöpfung, ist der Widerspruch seiner eigenen Liebe. Gott ordnet sich der Notwendigkeit der Schöpfung unter, die er selbst erschaffen hat. Der Mensch steht in der Begegnung mit der Notwendigkeit als Unverfügbarkeit vor einer Entscheidung. Er kann innerhalb der Schwerkraft bleiben, um der Leere auszuweichen oder die Struktur der Notwendigkeit als eine zu ihm gehörende übernehmen:

„Man kann der Schwerkraft gehorchen oder den Verhältnissen zwischen den Dingen. Im ersten Fall tut man das, wozu einen die Einbildungskraft treibt, die Leere ausgleicht."[173]

Des weiteren verweist Beyer auf den interessanten Aspekt der Unpersönlichkeit in der menschlichen Person, wie Simone Weil ihn in ihrem Artikel „La personne et le sacré" darlegt. Das Unpersönliche ist für Simone Weil das Heilige, das in jeder Person lebt und immer dann sichtbar wird, wenn das „Ich" in seiner Eigenmächtigkeit nicht den Blick verstellt. Simone Weil gibt für dieses Unpersönliche ein Beispiel: „Eine sehr schöne Frau, die ihr Bild im Spiegel betrachtet, kann leicht des Glaubens sein, sie selber sei 'das', was sie vor sich hält. Eine häßliche Frau weiß, daß sie 'das' nicht ist" (SUG, S.49) Der Gedanke dieser Bemerkung kann auch in Bezug zum Unglück gesehen werden. Das, worauf es ankommt, ist die Desillusionierung, die eigene Person könne die Schönheit, das Heilige, das Gute sein. Es nicht zu sein und in sich diesen Unterschied zum Heiligen wahrzunehmen, ist die Erkenntnis des Heiligen, das in einem wohnt. (Vgl. Di Nicola, Paola/ Danese, Attilio (Hrsg.): Simone Weil. Abitare la contraddizione, S.316)

[170] SUG, S.53
[171] Gleichzeitig aber ist dies kein freiwilliger Akt im Sinne einer Wahlmöglichkeit. Denn im Unglück erliegt der Mensch einem Zwang, dem er sich nicht entziehen kann. Jedoch kann er sich der gebrochenen Erkenntnis verweigern. Die Annahme der Ent-Leerung ist also ein aktiver Schritt, wohingegen das Erleiden des Unglücks eine Passion ist.
[172] Diese Ohnmacht entspricht bei Simone Weil nicht einem „kleingemachten" Gott, sondern einem zurückgezogenen Gott. Seine Ohnmacht besteht darin, dass er verborgen ist, also anwesend in allem als Nicht-Gott.
[173] Cahiers II, S.22

Der Schwerkraft gehorchen hieße, den Abstand in sich beseitigen zu wollen, die Leere nicht aufkommen zu lassen. Dem entgegengesetzt gibt es die Möglichkeit, die Verhältnisse zwischen den Dingen, Personen und innerhalb der eigenen Person wahrzunehmen. Dies aber bedeutet, nicht alles in eins setzen zu können, sondern in sich selbst zu unterscheiden zwischen verschiedenen Teilen der eigenen Person. Es heißt, nicht „Herr" über sich selber sein zu können, sondern in sich selbst Leerstellen zu entdecken, die fremd und unbekannt bleiben. Wer sich in dieser Weise auf den religiösen Weg einlässt, erfährt das eigene Ich als entleert von jeglicher vorher befundenen Identität. Das, was die eigene Person ausmachte, zählt nicht mehr, die alten Identitätsmuster gelten nicht mehr. Das Gesetz der Schwerkraft zu überwinden geschieht nicht in einer Überwindung der Wirklichkeit, denn dies hieße, einem puren Idealismus zu verfallen. Überwunden wird die Schwerkraft nur, wenn sie als solche identifiziert und akzeptiert wird. Die Schwerkraft ist also wirklich in ihren Gesetzen, die Unwirkliches suggerieren.

Wer die Schwerkraft nicht wahrnimmt und die Selbstabsicherung der eigenen Existenz als wirklich ansieht, erliegt der Einbildungskraft und damit der Unwirklichkeit. Die Schwerkraft muss in ihrer Wirkkraft als unwirklich erkannt werden. Gott hat sich selber zur Schwerkraft gemacht, der Mensch muss sich selber als Teil der Schwerkraft wahrnehmen. Diese Wahrnehmung ist der erste Schritt zur Nachahmung Gottes, weil sie den Bereich der Illusion durchbricht. Sie ist décréation, weil sie die Eigenmächtigkeit des „Ich" als Konstrukt der eigenen Vorstellung entlarvt. Gottes décréation nachzuahmen ist die wirkliche Begegnung mit der Welt. Die Schwerkraft wahrzunehmen ist der erkenntniskritische Bruch mit ihren Gesetzen, die diese allerdings nicht aufheben. Die Schwerkraft ist nicht die Notwendigkeit selber. Die Schwerkraft von der Notwendigkeit zu unterscheiden aber ist eine Notwendigkeit. Die Verwechslung beider Kräfte ist die Unwirklichkeit, die Unterscheidung von beidem ist der Schritt zur Wirklichkeit. Wer also in ein Verhältnis tritt zur Schwerkraft, sich selber als ein Teil derselben wahrnimmt, trifft in dieser Verhältnissetzung auf die Struktur der Notwendigkeit.

2.1.2 Not-wendig sein in Unglück und Schönheit

Die Anerkennung der Schwerkraft beinhaltet einen passiven und zugleich aktiven Part. Der Schleier der Illusion zerreißt und der Mensch erfährt sich als ohnmächtig gegenüber *unabänderlichen* Zwängen. Notwendig ist alles, was nicht geändert werden kann und was gerade wegen seiner Unabänderlichkeit oder Unverfügbarkeit als reine Wirklichkeit, als Realität erkannt werden muss:

„Jeder Mensch ist Sklave der Notwendigkeit, aber der Sklave, der sich dessen bewußt ist, ist weit überlegen."[174]

Es geht Simone Weil in jedem Fall darum, Wahrheit zu erkennen, Wirklichkeit zu erlangen und in dieser Suche ist ihr die Notwendigkeit eine Helferin. Denn sie lässt in dem Maß Wirkliches sichtbar werden, in dem der Mensch seiner Aktivität beraubt, zum passiven Erleben der Notwendigkeit verurteilt ist. Das Unglück und die Schönheit sind dabei zwei Elemente, die auf die Struktur der Notwendigkeit verweisen. Das Unglück überfällt den Menschen ebenso wie die Schönheit. Der Mensch kann sich ihnen nicht entziehen und eben diese passive Erfahrung wird zur Chance einer *wirklichen* Aktivität.

Notwendiges zeigt sich also nicht nur im Unglück oder in der Schönheit, sondern immer dort, wo etwas dem Bereich der Einbildungskraft entzogen wird. Die Fabrikarbeit als Ort des Unglücks und die Schönheit sind zwei Bereiche, anhand derer Simone Weil exemplifiziert, was sie unter Notwendigkeit versteht. Das Geschehen der Zeit und der Umgang mit der Materie sind die maßgeblichen Faktoren, die einen Zugang zur Notwendigkeit ermöglichen. Dabei sind gerade die Beschäftigung als Arbeit und die Teilhabe an der Schönheit eines Kunstwerkes Bereiche, in denen sich Menschen als aktiv und der eigenen Fähigkeiten mächtig erfahren. Es ist Simone Weils Ziel, diese Aktivität als einen Trugschluss zu entlarven, sie in ihrem Allmächtigkeitswahn zu kritisieren. Sowohl in der Arbeit als auch in der Begegnung mit der Schönheit ist der Mensch gerade nicht aktiv, sondern passiv notwendigen Strukturen und Prozessen unterworfen. Diese Strukturen zu analysieren und ihnen ihren tatsächlichen Platz zuzuweisen, bedeutet dann, sich not-wendig zu verhalten, der Notwendigkeit und damit der Wirklichkeit des Lebens zu begegnen.

2.1.2.1 Die Notwendigkeit der Arbeit setzt Handeln und Denken in Beziehung zueinander

In ihrem Jahr in der Fabrik macht Simone Weil die Erfahrung der Notwendigkeit in vielfacher Weise. Von vornherein ist sie der Überzeugung:

„'Le travail est la seule chose qui nous fasse saisir l'idée de necessité.'"[175]

Es ist besonders die Abstumpfung im Rhythmus des Arbeitsprozesses, der ständige Kampf gegen die Zeit, die einen seine Herkunft vergessen lassen. Alles dreht sich nur noch um das Ziel, den Willen anzustrengen, bestimmte Muskeln in Bewegung zu setzen und sich der Uhr anzugleichen. Der Mensch wird also im

---

[174] Cahiers I, S.105
[175] „Die Arbeit ist die einzige Sache, die uns die Idee der Notwendigkeit erfassen lässt." SP I, S.255

Arbeitsprozess selber zu einer Notwendigkeit, zu einem Sklaven, ja der Körper gleicht einer Maschine, die Befehle ausführt.

Hier begegnet Simone Weil dem, was sie mit Notwendigkeit betitelt, einem Sichtbarwerden der Realität. Die „Einheit" der Wirklichkeit zerfällt in der Arbeit, wie sie sich in der Fabrik zeigt, in Einzelteile. Eine Bestimmung und Beurteilung dieser Einzelteile wird überflüssig. Bestimmend wird nur noch das Verhältnis dieser Teile zu einander. Die geleistete Anzahl von Arbeitsvorgängen innerhalb der Zeit steht im Verhältnis zum Hunger, der gestillt sein will. Die Arbeitsdauer steht im Verhältnis zur Müdigkeit, die bekämpft werden muss. Der Körper steht im Verhältnis zur Kraft an der Maschine, die zu bedienen ist usw. Die Arbeitsvorgänge reduzieren alles auf Bruchteile, die der Materie gleichen. Auch der Mensch kann sich diesem Prozess nicht entziehen. Das herzustellende Produkt ist kein Erguss der eigenen Kreativität, sondern ein Mittel, um dem Hunger Nahrung zu geben, die Zeit ist nicht verfügbar, sondern eingeteilt, um den Arbeitsrhythmus in Gang zu halten.[176] Die Möglichkeit also, diesen Einzelteilen der menschlichen Existenz eine übergeordnete Bedeutung beizumessen, zeigt sich ganz und gar als Einbildungskraft. Die Dinge und Geschehnisse erhalten ihren Wert nur im Verhältnis des Prozesses selber:

> „Schaltet man das Treiben der Einbildungskraft und ihre scheinhaften Erfüllungen aus und richtet man seine Aufmerksamkeit auf das Verhältnis der Dinge, dann erscheint eine Notwendigkeit, der man unmöglich nicht gehorchen kann. Bevor man nicht so weit gelangt ist, hat man weder einen Begriff von der Notwendigkeit noch das Gefühl des echten Gehorsams."[177]

Das Erleben der Notwendigkeit ist Erleben der Realität, ohne Einbildung, Täuschung, ohne Illusion. Insofern ist die Notwendigkeit einem schöpferischen Prinzip gleichzusetzen, denn sie gibt den Dingen ihre eigentliche Existenz zurück.

Der Arbeitsprozess, in dem sich die Arbeitenden vorfinden, führt zur wirklichen Berührung mit der Welt. Denn das Subjekt ist stets auf der Suche, seine eigene Weltsicht für die wirkliche zu halten. Im Prozess der Desillusionierung erfährt das subjektive Denken nicht nur eine Relativierung der eigenen Perspektive, sondern verliert mehr und mehr die Fähigkeit, überhaupt einen Standpunkt zu beziehen:

> „Wenn man glaubt, die Wahl zu haben, so ist man ahnungslos, gefangen in der Täuschung und also ein Spielball. Man hört auf, ein Spielball zu sein,

---

[176] Und doch ist gerade dieser Vorgang, der nicht kreativ zu sein scheint, ein Akt von höchster Schöpfungstätigkeit. Schöpfung ist hier allerdings verstanden als Rückzug, als décréation der eigenen Person in bezug auf die Materie. Im Umgang mit der Materie selber zur Materie zu werden, heißt hier, den Schöpfungsakt Gottes nachzuahmen.

[177] SUG, S.71

wenn man sich über die Täuschung zur Notwendigkeit hin erhebt, aber man hat keine Wahl mehr, eine Tat wird einem durch die Situation selbst, die man klar erblickt, aufgezwungen. Die einzige Wahl ist die, aufzusteigen."[178]

Eine wirkliche Wahl bleibt nicht. Es gibt nur die Möglichkeit, Notwendiges als solches wahrzunehmen und sich nicht selbst darüber hinwegzutäuschen. Zu meinen, es gäbe eine Wahl, die Notwendigkeit wahrzunehmen oder nicht ist bereits wieder eine Illusion. Die Arbeitenden stehen nicht vor der Wahl, ob die Arbeit so oder in einer anderen Weise zu tun ist. Sie müssen sich der Notwendigkeit des Arbeitsvorgangs fügen. Hier tritt deutlich zutage, welchen Wert die Notwendigkeit besitzt. Sie ist nicht nur dazu da, dem Menschen seine „wahre" Situation zu verdeutlichen, auch nicht gleichsam einen archimedischen Punkt darzustellen, auf den sich Bezug nehmen lässt. Die Notwendigkeit zu erkennen ist der Weg zur inneren Freiheit des Menschen. Eine Freiheit allerdings, die ganz entgegen dem verheißungsvollen Allmächtigkeitsdrang des modernen Menschen gedacht ist.

Dies ist auch der Punkt, an dem Simone Weil ihre *Wissenschaftskritik* verortet. Die Aufgabe der Wissenschaft liegt für Simone Weil demnach nicht darin, dem Menschen die Illusion eines Wissens zu geben, innerhalb dessen er sich selbst entwerfen kann. Das Wissen, das notwendig ist, ist das der menschlichen Grenzen und Abhängigkeiten. Die cartesianische Schlussfolgerung über die Wirklichkeit des Denkens reicht nicht aus. Vielmehr geht es um den Zusammenhang von materiellen Bedingungen und Denken. Die Arbeit kann diesen Zusammenhang vermitteln, weil in ihr eine Begegnung von denkender und materieller Existenz stattfindet. In diesem Sinn führt Simone Weil ihre Descartes-Kritik anhand der Arbeiterfrage weiter. Es ist nicht nur von Bedeutung, dass das Ich sich denken kann, denn auch hier ist es möglicherweise immer noch der Illusion eines eigenständigen Denkens ausgeliefert. Erst die Begegnung mit der Materie kann diesen Trugschluss auflösen. Die Erfahrung der Arbeitsvorgänge als eine Berührung mit der Wirklichkeit kann in Bezug gesetzt werden zu dem denkenden Ich. Die Arbeitenden erkennen und erfahren das, was sie sind. Das Denken wird innerhalb der Arbeitsvorgänge soweit ausgesetzt, dass nur noch der maschinelle Einsatz - ohne menschliches Denken stattfindet. Die Erfahrung aber, nur das denken zu können, was notwendig ist, ist die eigentliche Weisheit. Diese Weisheit ist die Erfahrung, dass das Denken sich nur innerhalb notwendiger Gegebenheiten bewegt und somit keine Täuschung ist, also keiner Zweifel bedarf. Die Arbeitenden besitzen die Fähigkeit, weder einer rein geistigen noch einer rein materiellen Täuschung zu unterliegen. Ihr Denken richtet sich an dem aus, was sie als notwendige Verhältnisbestimmung der Dinge erfahren, ihre Erfah-

---

[178] Cahiers I, S.230

rung mit diesen Verhältnissen aber ist nur durch einen denkerischen Erkenntnisvorgang möglich. Es findet hier ein sich gegenseitig bedingender Vorgang von Erkenntnis und Nicht-Erkenntnis statt:

- Die Arbeitsvorgänge führen die Arbeitenden zu dem, was notwendig ist.
- Die Erkenntnis dieser Notwendigkeit zerstört die Illusion all dessen, was nicht notwendig und damit im Bereich der Täuschung ist.
- Diese Erkenntnis ist der eigentlich geistige Vorgang, weil er Geist und Materie in Bezug zueinander setzt.

Daraus ließe sich folgern: Erkannt werden kann nur das, was wirklich notwendig ist. Nur Notwendiges wird wirklich erkannt. Diese Folgerung aber betrifft sowohl das Denken wie das Handeln. Ja, sie kommt nur in der Verbindung von Denken und Handeln zum Ausdruck. Denn nichts kann gedacht werden, was sich nicht zeigt und nichts zeigt sich, was nicht auch gedacht werden kann. Es ist Kennzeichen des Notwendigen, dass nur das, was gedacht wird auch einer Handlung bedarf und dass das, was einer Handlung bedarf, auch gedacht wird. Allerdings erscheint dieses Denken eben nicht getrennt von der Handlung, sondern in Übereinstimmung und insofern als Nicht-Unterscheidung. Die Trennung von Denken und Handeln ist hier überwunden und nicht mehr notwendig. Notwendig ist nur die Unterscheidung dessen, was diese Trennung verursacht und insofern der Einbildungskraft zugehörig ist. Simone Weil bringt dies zum Ausdruck, wenn sie schreibt:

> „Ausspruch des bretonischen Schiffsjungen, als ein Journalist ihn fragte, wie er dies zuwege gebracht habe: 'Hat halt sein müssen!' Reinster Heroismus. Er findet sich unter dem Volk häufiger als anderwärts."[179]

Das Tun dessen, was notwendig ist, schaltet das Denken aus, bringt es aber gleichzeitig zu seiner eigentlichen Bestimmung. Denn der einzig notwendige

---

[179] SUG, S.71. Dieser Junge hatte unter Einsatz seines Lebens bei einem Schiffsunglück anderen das Leben gerettet.
Simone Weil bezeichnet dieses Handeln als ein „Nicht-handelndes Handeln" (SUG, S.65), ein Handeln also, das sich an der Notwendigkeit orientiert und nicht auf äußeren Überlegungen beruht. In einem solchen Akt stimmen Denken und Handeln überein. Das Denken ist nicht etwas, was hinzukommt, sondern was selber zur Handlung wird: „Handeln, nicht *um* eines Gegenstandes *willen*, sondern *aus* einer Notwendigkeit. Ich kann nicht anders. Dies ist kein Handeln, sondern eine Art Erleiden. Nicht-handelndes Handeln. In einem Sinne ist der Sklave ein Vorbild [das Niederste ... das Höchste ... immer das gleiche Gesetz]. Die Materie ebenfalls." (SUG, S.65)
Der Unterschied zu einer ideologischen Hörigkeit oder Willkür liegt darin, dass in diesen Fällen die Notwendigkeit unter der Maske der Schwerkraft auftritt. Jedoch können solche Unterscheidungen nur erfolgen, wenn die Erkenntnis der Schwerkraft vorhanden ist. Dies aber ist nur der Fall, wenn sich der Mensch nach der Wirklichkeit sehnt, der er in dieser Absicht in der Notwendigkeit begegnet.